ANNALES DE LA PHOTOGRAPHIE

MANUEL
DU
TOURISTE PHOTOGRAPHE,

PAR

M. LÉON VIDAL,

Officier de l'Instruction publique,
Professeur à l'École nationale des Arts décoratifs.

SECONDE PARTIE

IMPRESSIONS POSITIVES AUX SELS D'ARGENT ET DE PLATINE.
RETOUCHE ET MONTAGE DES ÉPREUVES. — PHOTOGRAPHIE INSTANTANÉE.
APPENDICE INDIQUANT LES DERNIERS PERFECTIONNEMENTS.
DEVIS DE LA PREMIÈRE DÉPENSE A FAIRE
POUR L'ACHAT D'UN MATÉRIEL PHOTOGRAPHIQUE DE CAMPAGNE,
ET PRIX COURANT DES PRODUITS LES PLUS USITÉS.

PARIS,
GAUTHIER-VILLARS, IMPRIMEUR-LIBRAIRE
DU BUREAU DES LONGITUDES, DE L'ÉCOLE POLYTECHNIQUE,
Quai des Augustins, 55.

1885

MANUEL

DU

TOURISTE PHOTOGRAPHE.

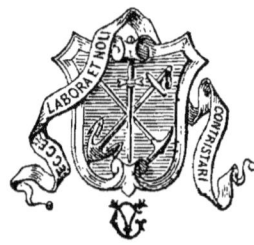

ÉPREUVE PHOTOGÉLATINOGRAPHIQUE

(VERNIE)

Imitation d'une épreuve sur papier albuminé.

Imprimé à Lisbonne sous la direction
de M. Carlos Relvas.

ÉPREUVE PHOTOGALVANOGRAPHIQUE

(VERSIE)

Imitation d'une épreuve sur papier albuminé

Imprimé à Lisbonne sous la direction
de M. Carlos Relvas

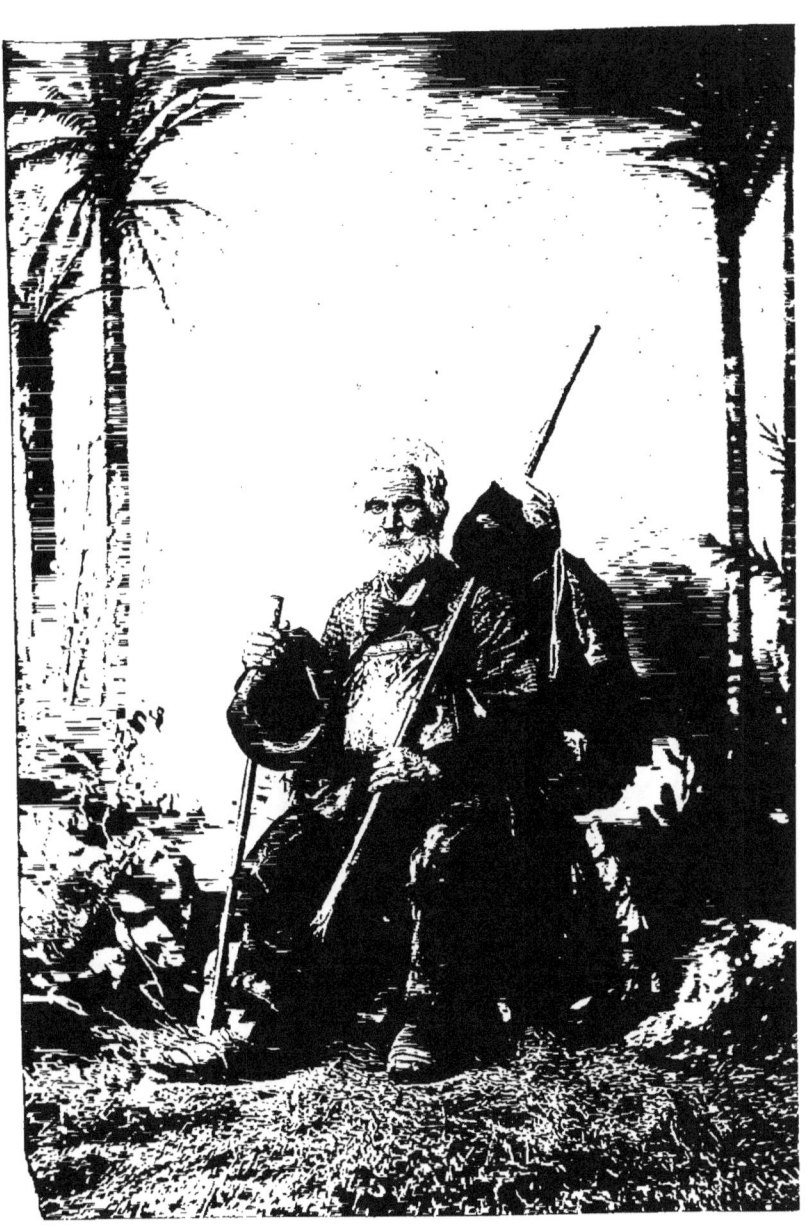

ANNALES DE LA PHOTOGRAPHIE

MANUEL
DU
TOURISTE PHOTOGRAPHE,

PAR

M. LÉON VIDAL,

Officier de l'Instruction publique,
Professeur à l'École nationale des Arts décoratifs.

SECONDE PARTIE.

IMPRESSIONS POSITIVES AUX SELS D'ARGENT ET DE PLATINE.
RETOUCHE ET MONTAGE DES ÉPREUVES. PHOTOGRAPHIE INSTANTANÉE.
APPENDICE INDIQUANT LES DERNIERS PERFECTIONNEMENTS.
DEVIS DE LA PREMIÈRE DÉPENSE A FAIRE
POUR L'ACHAT D'UN MATÉRIEL PHOTOGRAPHIQUE DE CAMPAGNE,
ET PRIX COURANT DES PRODUITS LES PLUS USITÉS.

PARIS,
GAUTHIER-VILLARS, IMPRIMEUR-LIBRAIRE
DU BUREAU DES LONGITUDES, DE L'ÉCOLE POLYTECHNIQUE,
Quai des Augustins, 55.
—
1885
(Tous droits réservés.)

TABLE DES MATIÈRES.

DEUXIÈME PARTIE.

	Pages.
TABLE DES FIGURES DANS LE TEXTE.	IX
ERRATA.	XI

CHAPITRE PREMIER.

Tirage et fixage des épreuves positives à base d'argent. — Platinotypie. — Procédé au charbon. — Impressions par développement. — Impressions photomécaniques 1

CHAPITRE II.

Agrandissements des négatifs de petite dimension. — Projections. 26

CHAPITRE III.

Montage. — Retouche et satinage des épreuves positives. 32

CHAPITRE IV.

Redressement des négatifs sur verre au collodion, à la gélatine et sur papier pelliculaire. 39

CHAPITRE V.

Insuccès du procédé au gélatinobromure. — Accidents et remèdes. 48

CHAPITRE VI.

Photographie instantanée. 77

CHAPITRE VII.

Laboratoire. — Cabinet-armoire de M. Enjalbert. — Lampes d'atelier. — Lumières artificielles. — Lumières à flammes de couleur. 105

CHAPITRE VIII.

Nomenclature des appareils et accessoires nécessaires à un touriste photographe. 122

APPENDICE

Révélateur avec *addition de sulfite* de soude ou de potasse 130
Révélateur alcalin contenant du sulfite d'ammoniaque 130
Révélateur alcalin au carbonate de soude. 131
Révélateur concentré de Macdougald 132

TABLE DES MATIÈRES. VII

	Pages.
Révélateur au sous-carbonate de soude.	202
Vernis à froid de la maison Parrayon.	134
Contrôle chronométrique de la durée des poses instantanées.	135
Détermination de la durée de l'exposition, suivant les diverses données variables : objectifs, distance focale, ouverture du diaphragme, sensibilité du produit, intensité de la lumière, etc.	147
Distance focale, variations de la durée de l'exposition, suivant que cette distance est plus ou moins grande.	155
Appareils photographiques sans pied pour épreuves instantanées.	161
Balance-cuvette Baluze	164
Pellicules libres extensibles.	165
Préparation de divers papiers pelliculaires.	167
Exposition et développement des papiers pelliculaires.	175
Cartons pelliculaires	178
Moyen de séparer la pellicule de gélatine du verre pour le redressement des négatifs.	179
Tendeur pour pellicules, par M. Balagny.	181
Tendeur, par M. Robert de Chennevière.	181
Échelle sensitométrique étalon.	182
Positifs par développement au gélatinochlorure d'argent.	187
Procédé Marion.	191
Procédé Morgan.	196
Procédé Warnerke	200
Sensito-colorimètre	201
Collodion pour négatifs blancs et noirs et renforçateur.	206
Redressement des négatifs sur collodion	210
Procédés de photocalque.	212

TABLE DES MATIÈRES.

	Pages.
Préparation du papier salé sensible	214
Destruction des épreuves photographiques.	215
Reconstitution des épreuves.	216
Devis *approximatif* de la première dépense à faire pour l'achat d'un matériel photographique de campagne.	218
Taleau de *diverses vitesses*.	

TABLE ALPHABÉTIQUE DES MATIÈRES contenues dans la Deuxième Partie. 229
NOMENCLATURE des noms des auteurs et des industriels cités dans la Deuxième Partie. 237

TABLE

DES FIGURES DANS LE TEXTE.

                                                                                     Pages.

1. Vase à développement pour épreuves au platine.   16
2. Points ronds et mats sur les négatifs au gélatinobromure.   36
3. Ondes à la surface des plaques au gélatinobromure.   58
4. Aspect nid d'abeilles des plaques au gélatinobromure.   59
5. Taches provenant d'un lavage insuffisant   71
6. Déplacement d'un objet suivant la distance, par rapport à l'objectif.   94
7. Déplacement angulaire, suivant que l'objet se meut obliquement ou perpendiculairement, par rapport au plan de la glace dépolie.   103
8. Lanterne d'atelier (Stebbing).   107
9. Lanterne d'atelier (Laverne).   108
10. Lanterne d'atelier.   109
11. Spectroscope de poche.   114
12.
13. } Armoire laboratoire de M. Enjalbert. 118, 119, 120
14.

TABLE DES FIGURES.

Pages.

15. Révélateur concentré en tubes, de M. Macdougald 133
16. Contrôleur chronométrique à cadran. . . . : . . 136
17. Contrôleur chronométrique, organisé sur un obturateur Boca. 137
18. Règle graduée pour le contrôle de la vitesse des obturateurs, à l'aide de la chute d'un corps. 141
19. Graduation de la tablette de la chambre noire pour les divers foyers. 158

ERRATA.

Page 29. A la 3ᵉ ligne a été omis le mot *si*.

Page 27. L'huile de pétrole la plus convenable est celle de M. Peignet-Changeur, 4, boulevard Magenta (Paris).

MANUEL
DU
TOURISTE PHOTOGRAPHE.

DEUXIÈME PARTIE.

CHAPITRE PREMIER.

Tirage et fixage des épreuves positives à base d'argent. — Platinotypie. — Procédé au charbon. — Impression par développement. — Impressions photomécaniques.

Le procédé d'impression des épreuves positives le plus simple, le mieux à la portée de tous, est celui qui est connu sous le nom de tirage au sel d'argent.

Nous décrirons tout d'abord ce procédé avant de nous occuper d'autres modes d'impression permettant d'obtenir des images plus durables.

Le grand inconvénient, en effet, des impressions au sel d'argent est de ne produire que des images douées de peu de stabilité.

Il ne faut donc user de ce procédé que dans les

DEUXIÈME PARTIE.

cas où l'on ne tient pas à une longue durée des épreuves, et l'on fera bien de l'abandonner toutes les fois qu'il y aura nécessité de réaliser des œuvres vraiment stables.

C'est alors qu'on emploiera les divers autres moyens d'impression dont nous allons dire un mot plus loin, qui sont les procédés au platine, au charbon, photoglyptiques, phototypiques, et enfin le procédé de photogravure.

Procédé d'impression sur papier albuminé. — On trouve chez les dépositaires de produits et accessoires photographiques du papier tout albuminé et que l'on n'a plus qu'à sensibiliser soi-même au fur et à mesure des besoins.

En pareil cas, on prépare un bain de nitrate d'argent ainsi composé :

Eau distillée	1000^{gr}
Nitrate d'argent fondu blanc	120
Bicarbonate de soude	10

Le papier est débité de dimension convenable et l'on fait flotter successivement chaque fragment sur ce bain pendant environ trois à quatre minutes.

Chaque fois qu'on a fait passer sur le bain la valeur d'une feuille entière de papier, l'on ajoute au bain, en agitant bien la cuvette en porcelaine qui le contient, 10^{cc} d'une dissolution de nitrate d'argent fondu blanc composée de

Eau	100^{gr}
Nitrate d'argent	20

CHAPITRE PREMIER.

ce qui équivaut à l'addition de 2^{gr} du sel d'argent par chaque feuille de papier sensibilisé, nous disons feuille entière de 45×55^{cm}.

Il va sans dire que cette opération doit avoir lieu dans un laboratoire éclairé, dans le jour, par une vitre jaune, ou bien, le soir, à la lumière d'une lampe quelconque. Il faut laisser la dessiccation s'opérer dans l'obscurité et n'user du papier sensibilisé qu'alors qu'il est absolument sec, sans quoi l'on serait exposé à tacher les négatifs.

Nous renverrons, pour tous les détails relatifs à l'albuminage et à la sensibilisation du papier, aux traités spéciaux de photographie, car nous conseillons aux touristes d'employer de préférence le papier albuminé et sensibilisé qu'ils trouveront tout préparé par des maisons spéciales.

Nous leur recommandons notamment le papier albuminé sensibilisé fourni par la maison Dodille et Cie [1].

Ce papier est préparé de telle sorte qu'il peut se conserver blanc durant six mois environ, pourvu qu'on le tienne dans un lieu sec et obscur.

Il est bien plus aisé de recourir à ce papier tout prêt que de le préparer soi-même. Néanmoins, il est des cas en voyage, dans certains pays dénués des ressources qu'on trouve dans les grandes villes, où il peut être indispensable de préparer du papier

---

[1] Rue Tardieu, 5, Paris.

sensible. On fera donc bien d'introduire dans les bagages photographiques tout ce qui est nécessaire à cette préparation, soit: du nitrate d'argent fondu, du bicarbonate de soude et naturellement du papier albuminé.

Quand on désire préparer du papier sensible susceptible de se conserver longtemps blanc, on ajoute au bain d'argent 12 pour 100 de nitrate de magnésie, et l'on procède comme il a été dit plus haut.

Cette conservation exige toujours le maintien du papier dans un endroit obscur et très sec. Le mieux est de l'introduire bien sec, roulé sur lui-même, dans des boîtes cylindriques en fer-blanc ou en zinc à fermeture aussi complète que possible et sans addition de chlorure de calcium.

Insolation du papier sensible. — Le fragment du papier albuminé sensibilisé, coupé à la dimension voulue, est appliqué contre le négatif, la couche d'albumine portant contre le collodion ou la gélatine si le cliché est sur verre; on met le tout dans le châssis-presse et l'on expose, soit au soleil, soit à la lumière diffuse, durant un temps suffisant pour l'impression de l'image, impression poussée à un degré de venue qui dépasse celui où l'image est bien complète en tous points. Il est nécessaire de faire la part de la réduction que devront produire les bains ultérieurs de virage et de fixage.

Pour fixer tout de suite le débit sur lequel on

doit compter, étant données des feuilles entières de papier albuminé de 45 × 55, nous indiquerons que la feuille produit de 36 à 42 épreuves format visite, 12 épreuves format album.

Quand on emploie du papier susceptible de se conserver longtemps blanc après sensibilisation, il n'y a pas d'inconvénient sérieux à faire à l'avance le tirage d'un assez grand nombre d'épreuves, sauf à n'en effectuer le virage et fixage que plus tard.

Pourtant, mieux vaut, si l'on tient à un virage régulier et prompt, fixer les épreuves fraîchement imprimées, le soir, après la journée de travail.

Les épreuves conservées durant un certain temps avant d'être virées ne virent que très lentement, et difficilement atteignent-elles au ton noir pourpre des images récemment tirées sur un papier d'une préparation peu ancienne.

Le châssis-presse à double volet permettant de suivre pas à pas la venue des épreuves, il est inutile de préciser des règles pour la durée de l'insolation.

Nous nous bornerons à dire que, lorsqu'on a à tirer le positif d'un cliché très doux, il convient, pour obtenir une image offrant des oppositions mieux marquées, d'interposer soit une feuille de papier pelure, soit un verre dépoli, entre la glace du châssis-presse et le dos du cliché.

Cette précaution n'est pas nécessaire quand le négatif est dur. Mieux vaut en pareil cas le tirer directement, c'est-à-dire sans interposition d'un écran servant à diffuser les rayons lumineux.

En pareil cas, et quand cela est possible, il convient de recouvrir le dos du cliché de collodion dans lequel on a fait dissoudre un peu de jaune d'aniline. Une fois cette couche sèche, on gratte avec soin et précision les endroits correspondants aux parties opaques du négatif en ne laissant la couche jaune que sur les portions où le cliché a trop de transparence.

Il est peu prudent de laisser séjourner trop longtemps une feuille de papier sensible contre le négatif, surtout quand on se sert d'un négatif sur gélatine non verni ou collodionné.

Si, le soir, on a des épreuves incomplètes encore, mieux vaut les sortir quand même du châssis-presse, sauf à les réappliquer le lendemain contre le cliché et à les remettre au jour.

Sans cela on est exposé, par le fait de l'humidité contenue soit dans la pâte du papier, soit dans la couche de gélatine, à voir se produire des taches sur le cliché, taches causées par le nitrate d'argent libre à la surface du papier sensible.

Il n'est pas aussi malaisé qu'on pourrait le croire de réappliquer une épreuve positive contre le négatif après l'en avoir séparée.

Cette opération s'effectue contre la glace du châssis à une lumière très diffuse et par transparence. Quand on n'aperçoit plus du tout de parties blanches bordant les parties sombres, on porte le tout, en le maintenant bien dans sa position, dans le châssis-presse, et l'on achève le tirage. Avec un peu d'habitude on ne manque pas une seule de ces opérations interrompues et reprises après suppression du contact.

Il est prudent de n'agir que sur des clichés vernis ou recouverts d'une couche de collodion normal; cela permet d'éviter bien des accidents.

Virage et fixage des épreuves positives. — Les épreuves imprimées, quand on en a un certain nombre, sont d'abord virées à l'or, puis fixées.

Pour virer à l'or, il suffit d'introduire les épreuves, après les avoir lavées, dans un bain composé de :

Chlorure d'or.	1^{gr}
Eau ordinaire.	2000
Acétate de soude fondu.	60

Faire le mélange ci-dessus huit à dix heures avant d'en user.

Ce virage est versé sans filtrage dans une cuvette de porcelaine, d'une dimension plus grande que les épreuves à virer. On y met les épreuves après avoir enlevé avec des ciseaux les bords attaqués par la lumière directe tout autour du négatif. Ils s'empareraient inutilement d'une partie de l'or du virage.

Il faut, après avoir laissé les épreuves la face retournée vers le bas durant quelques instants, les

DEUXIÈME PARTIE.

retourner de façon à pouvoir suivre aisément la modification du ton opérée par le dépôt d'or.

On agite de temps en temps pour renouveler les surfaces, en ayant soin d'éviter, quand les épreuves sont tournées en dessous, qu'il n'y ait des bulles d'air engagées entre elles et la surface liquide.

Cela amènerait des taches, l'action du virage se trouvant retardée dans ces parties-là.

A mesure qu'une épreuve arrive au ton voulu, ton qui est plus ou moins chaud (cela dépend du goût artistique de l'opérateur), on la sort du bain de virage et on la met, sans lavage préalable, dans le bain fixateur, composé de :

Hyposulfite de soude	50^{gr}
Eau ordinaire	500

Après un quart d'heure de séjour dans ce bain, les épreuves en sont retirées et mises dans une première eau de lavage, que l'on renouvelle ensuite jusqu'à cinq et six fois, de façon à faire disparaître toute trace d'hyposulfite de soude.

Quand on peut opérer ce lavage à eau courante, cela ne vaut que mieux ; de quelque façon que l'on opère, dès que l'on juge les épreuves suffisamment lavées, on les retire de l'eau et on les éponge entre du buvard propre, ou bien on les pique par un coin avec une épingle contre un liteau de bois, et on les laisse se sécher spontanément.

CHAPITRE PREMIER.

Il est essentiel de ne jamais toucher les épreuves avant ou pendant le virage avec des doigts imprégnés d'hyposulfite de soude. Pour éviter les taches qui en seraient l'inévitable conséquence, on a soin de terminer tout le virage sans s'occuper du fixage, chaque épreuve étant mise dans de l'eau ordinaire une fois virée; puis on met les épreuves dans le bain d'hyposulfite en les prenant une à une avec celle des deux mains qui ne touche pas le bain fixateur.

Il est d'autres formules de virage et nous aurions tout un volume à y consacrer si nous voulions les indiquer toutes.

A cet égard nous renvoyons encore aux traités spéciaux; pourtant nous croyons utile de signaler les divers virages qui sont recommandés par MM. Dodille et Cie pour l'emploi de leur papier albuminé sensibilisé.

Nous ferons remarquer que tous les virages conviennent à ces papiers, pourvu qu'on les vire seuls, c'est-à-dire sans mélange avec des papiers sensibilisés d'une autre provenance.

Voici ces diverses formules :

```
Dans un flacon : Eau distillée. . . . . . .   2500gr
     »         »    Acétate de soude. . . . .    25
     »         »    Carbonate de soude . . .    10
Dans un autre flacon : Chlorure or . . . .       1
     »         »          Eau distillée. . . .  500
```

Faire le mélange environ trois heures avant de

s'en servir, et en parties égales, pour la quantité de photographies que l'on a à virer.

Tirer les épreuves *un peu* plus qu'à point, le papier ne descendant pas au virage : il remonte à l'eau et vire encore à l'hyposulfite ; faire ce dernier faible, soit de 10 pour 100.

Ce virage sert indéfiniment, le filtrer tous les jours jusqu'à complète décoloration.

Ne mettre que peu d'épreuves dans un virage neuf, afin d'en étudier l'effet et d'être basé pour la suite.

Retirer les épreuves du virage lorsqu'elles sont rouges en transparence, car le papier virant très vite, il est essentiel d'enlever les photographies afin de conserver le brillant et éviter de précipiter l'albumine.

Dans un flacon :	Eau		1000^{gr}
»	»	Borax	10
»	»	Acétate de soude	20
Dans un autre flacon :	Chlorure or		1
»	»	Eau	1000

Toujours verser l'or dans la solution de borax et acétate, et jamais l'inverse.

Faire le mélange le matin — parties égales — pour la quantité de photographies que l'on a à virer.

On filtre tous les jours le vieux virage sur du carbonate de chaux (ce dernier neutralise l'excès d'acide) ; après, on ajoute du neuf (on renforce tous les jours).

CHAPITRE PREMIER.

La première fois qu'un virage doit servir, y mettre peu d'épreuves à la fois, car, virant très vite, il faut être basé sur son action, pour en être maître.

Pour virer plus vite, on ajoute à la première eau de lavage, gros comme un pois, du bicarbonate de soude, ensuite passer les épreuves dans une deuxième eau ordinaire.

Lorsque les épreuves ne virent plus au ton voulu, il faut renforcer le bain avec du neuf.

Il ne faut jamais filtrer le virage neuf sur le carbonate de chaux, avant de l'ajouter à celui qui a déjà servi.

Faire l'hyposulfite faible, soit 10 pour 100.

Eau distillée ou ordinaire.	2ʰᵗ
Acétate de soude fondu.	30ᵍʳ
Chlorure or (double chlorure) . . .	1

Ne jamais se servir de ce virage neuf que fait de la veille, — prendre une partie de l'ancien, bien décanté, et le remonter avec du neuf.

Le préparer la veille pour le lendemain en ayant soin de dissoudre l'or dans un demi-litre d'eau et l'acétate de soude dans un autre demi-litre d'eau ; — deux heures après, verser le flacon *or* dans celui d'acétate en l'agitant fortement afin d'éviter le précipité ; ensuite verser le tout dans le restant des deux litres.

En hiver, le tenir à la température de la chambre, les virages froids étant très longs.

Au sortir des châssis, déposer les épreuves quelques minutes dans une cuvette d'eau ordinaire et les virer ensuite comme d'habitude au ton désiré, soit bleu, plus longtemps, soit pourpre, moins longtemps.

Ne pas s'inquiéter des virages qui déposent, — filtrer au besoin et ajouter du neuf en petites quantités, — faire de l'hyposulfite faible, soit à 10 pour 100.

Les épreuves au sel d'argent manquant de stabilité, il est souvent préférable de recourir à l'emploi d'un autre procédé d'impression donnant des images durables. Les procédés qui offrent cette garantie sont assez nombreux; nous allons d'abord indiquer ceux qui exigent l'emploi de la lumière pour l'obtention de chaque épreuve, puis nous passerons aux moyens photomécaniques à l'aide desquels, une planche une fois produite avec l'aide de la lumière, les impressions ultérieures ont lieu mécaniquement à la presse et sans plus avoir besoin d'user de l'action lumineuse.

Les procédés exigeant l'emploi de la lumière pour la production de chaque épreuve sont :

1° Le procédé au platine ou platinotypie;

2° Le procédé au charbon;

3° Les procédés d'impression latente par développement.

Il en est bien d'autres, tels que ceux qui ont pour base les sels de fer sensibles à la lumière, mais ces procédés sont d'une application plutôt in-

CHAPITRE PREMIER. 13

dustrielle qu'artistique et nous n'avons pas à les décrire ici.

Platinotypie. — Ce mode d'impression produit des images formées par du platine métallique. On sait que ce métal n'est attaqué que par l'eau régale et qu'il résiste à toute oxydation, à toute sulfuration. Il est donc permis d'affirmer que les images qui résultent de l'emploi de ce procédé sont absolument stables.

Il a été dit, à ce propos, que la sanction du temps faisait encore défaut à cette affirmation. En effet, il n'y a pas bien longtemps que l'on pratique le procédé d'impression au platine; mais, sans attendre l'effet du temps, on peut soumettre dès maintenant les épreuves au platine à toutes les actions délétères qui détruisent rapidement les épreuves à l'argent virées à l'or, et s'assurer qu'elles résistent à l'action des acides énergiques, comme à tous les agents destructeurs dont on leur fait subir l'action.

Rien n'indique encore, en un mot, qu'il y ait à redouter pour ces épreuves le sort des images à l'argent.

Quant à la pratique du procédé, elle est des plus simples, pourvu que l'on trouve à se procurer du papier sensibilisé au chlorure de platine.

La maison Poulenc frères [1] livre du papier tout

---

[1] Rue Saint-Merry, 7, Paris.

sensibilisé. Cette fabrication existe aussi en Angleterre, sous la direction de la Compagnie de platinotypie, à Vienne (Autriche), chez M. le docteur Just (¹) et chez M. Krziwaneck (²).

Nous avons donc le papier tout prêt, papier que l'on doit conserver à l'abri du jour et de l'humidité.

Pour y arriver d'une façon commode, le mieux est de se procurer un grand bocal en verre de la contenance de cinq à six litres, à large col droit bouché à l'émeri.

On introduit dans le bocal une éprouvette en verre de la hauteur de $0^m,15$ et d'un diamètre d'environ $0^m,040$ à $0^m,050$ pleine aux deux tiers de chlorure de calcium desséché. Le papier au platine sensibilisé est introduit dans le bocal en rouleaux de la dimension convenable à l'usage qu'on doit faire du papier et placé tout autour de l'éprouvette; on ne débouche le bocal que pour en sortir le papier nécessaire au tirage immédiat.

On conserve ce récipient dans le laboratoire obscur, et il convient même, pour éviter l'action de la lumière, de l'enfermer sous une cloche cylindrique formée de papier noir ou d'une feuille de carton enroulée.

L'insolation s'opère comme avec le papier albuminé, mais elle est de moitié au moins plus rapide.

(¹) Fünfhaus, Märzstrasse, 33, Vienne.
(²) Neubau Breitegasse, 8, Vienne.

CHAPITRE PREMIER.

L'épreuve est à peine visible, mais pourtant on aperçoit une faible image d'un ton légèrement brun se détachant sur le fond jaune du papier. Dès que cette image indique nettement les parties opaques du cliché, l'insolation est suffisante.

On imprime de la sorte un certain nombre d'épreuves de façon à effectuer ensuite et successivement le développement de tout le tirage du jour.

Ce développement est la partie surtout commode du procédé de platinotypie. Voici comment il s'opère :

On se sert d'une dissolution saturée d'oxalate neutre de potasse, acidulée d'acide oxalique. On porte cette dissolution à la température d'environ 80° à 85° C. dans une cuvette en fer émaillé de la dimension convenable, posée sur un trépied et chauffée en dessous par une source de chaleur quelconque : lampe à alcool, flamme d'un bec de gaz, etc. Quand il s'agit d'épreuves de grande dimension, il convient d'user d'une cuvette chauffée au bain-marie. Cela est facile à réaliser en prenant deux cuvettes, l'une plus grande que l'autre, et en mettant la plus petite dans la plus grande où se trouve de l'eau à la hauteur voulue.

Voici d'ailleurs la coupe d'un vase à développement (*fig.* 1) ([1]).

([1]) Nous empruntons cette figure à la traduction, par M. Henry Gauthier-Villars, du *Traité théorique et pratique de Platinotypie* de MM. Pizzighelli et Hübl. Nous engageons nos lecteurs

DEUXIÈME PARTIE.

La solution d'oxalate est mise dans le vase émaillé A, le couvercle *a* est en zinc; B est un vase en zinc à double fond; c'est celui qui contient l'eau, enfin C est une source de chaleur, gaz ou alcool.

On remplit d'abord B d'eau chaude, puis on verse dans la cuvette A la dissolution d'oxalate de potasse que l'on a pu chauffer préalablement. On

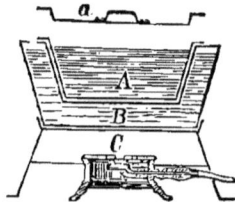

Fig. 1.

règle ensuite à l'aide de la flamme C la chaleur au degré indiqué plus haut.

Pour développer les épreuves, on enlève le couvercle *a*, on saisit chaque épreuve successivement en la tenant par les deux côtés opposés et on la fait passer lentement à travers ou à la surface de la dissolution d'oxalate.

Ce développement se produit *instantanément* et les images passent du noir au brun foncé.

S'il arrivait que certaines parties de l'image n'aient pas été mises en contact avec la solution d'oxalate, soit par suite de l'adhérence au papier

désireux de plus amples renseignements sur ce remarquable procédé à recourir à cet excellent Ouvrage.

de quelques bulles d'air, soit pour toute autre cause, il faudrait faire passer les images une seconde fois à travers la dissolution.

Au cas où l'on aurait surexposé les épreuves, il serait bon de les passer sur une dissolution d'oxalate un peu refroidie; et si, au contraire, l'insolation a été faible, on pourra dépasser la température de 80°; on peut même aller jusqu'à l'ébullition.

Il est utile d'employer toujours un bain développateur à réaction acide; on s'assure de l'acidité du bain avec du papier de tournesol, et, quand on le trouve alcalin, on l'acidifie par l'addition de quelques grammes d'acide oxalique.

Après le développement, le développateur est renfermé dans un flacon; il peut servir indéfiniment; on remplace l'eau à mesure qu'elle se réduit en vapeur, et l'on ajoute de la dissolution froide d'oxalate de potasse toutes les fois que cela est nécessaire.

Lavage des épreuves. — Après développement, les épreuves sont plongées dans une dissolution de

Acide chlorhydrique pur . . . . . 1^{cc}
Eau. 80

et on les y laisse jusqu'à ce que le sel de fer que contient encore le papier ait complètement disparu.

On doit renouveler cette dissolution tant qu'elle se colore en jaune. En général on la renouvelle trois fois, en laissant les épreuves dix minutes dans chaque bain; puis on les lave à l'eau pour les débarrasser de l'acide chlorhydrique. Il suffit de les passer successivement dans plusieurs eaux pour arriver à un lavage convenable.

On peut s'assurer au dernier lavage, avec du papier de tournesol, que l'eau ne contient plus aucune trace d'acidité.

On n'a plus qu'à laisser les épreuves se sécher et à les retoucher s'il y a lieu et monter, ainsi qu'il est dit au chapitre spécial de la retouche et du montage.

Si l'on tient à pratiquer le procédé de platinotypie, ce à quoi nous engageons fort les personnes désireuses de produire des œuvres durables, on fera bien de se munir du *Traité de Platinotypie* indiqué plus haut. On y trouvera spécifiés avec soin les principales causes d'insuccès et les moyens d'y remédier.

2° *Procédé au charbon.* — Nous ne parlons ici de ce procédé que pour mémoire, et nous renvoyons, pour la description complète de ce mode d'impression, à notre *Traité d'impression au charbon* ([1]).

C'est encore un moyen d'obtenir des impressions stables avec l'action de la lumière pour chaque épreuve.

Ce procédé convient très bien aux reproductions de paysages et de monuments, mais il est d'une

---

([1]) Gauthier-Villars, éditeur.

pratique délicate sinon difficile, parce qu'on ne trouve pas dans le commerce des sortes de papiers mixtionnés convenables pour tous les clichés ; il résulte de là de nombreux déboires. Aussi ne croyons-nous pas devoir conseiller l'usage de ce procédé à quiconque n'en pourrait faire une étude complète.

Il existe enfin un procédé d'impression de l'image latente par développement, tout comme cela a lieu pour les négatifs.

3° *Procédé par développement.* — La couche sensible, en ce cas, est du gélatinobromure d'argent couché sur du papier. Il en est de deux sortes : il y a le papier Morgan [1] et le papier Lamy [2].

L'avantage principal offert par ce papier consiste dans la faculté qu'il procure de pratiquer des impressions nombreuses dans très peu de temps et à la lueur d'un simple bec de gaz, d'une bougie, d'une lampe à pétrole, en un mot d'une source de lumière artificielle quelconque.

Le négatif est placé dans le châssis-presse comme d'ordinaire, on le recouvre du papier sensible sur le dos duquel on pose une feuille de papier noir, puis le coussin de papier et les volets brisés.

On opère, cela va sans dire, dans un laboratoire obscur, éclairé seulement par une lanterne à verre rouge, absolument comme on le fait pour les manipulations négatives.

[1] Boulevard des Italiens, 29, Paris.
[2] Avenue Parmentier, 18, Paris, chez M. Hutinet.

DEUXIÈME PARTIE.

Le châssis une fois fermé, on démasque la flamme de la source de lumière employée, après avoir placé le châssis à une distance d'environ 30^{cm} à 50^{cm} de la lampe.

La lumière agit alors durant un temps qui, suivant le cliché, peut aller de quinze secondes à une minute.

D'ailleurs, en rapprochant le châssis de la lumière, on diminuerait la durée de l'exposition.

Une première épreuve est faite à titre d'essai ; on vérifie de la sorte le temps nécessaire à l'impression, et, quand on s'est assuré de cette durée, on peut, en conservant toujours les mêmes données respectives, imprimer successivement autant d'épreuves que l'on en désire du même cliché.

Si l'on est deux personnes opérant simultanément, l'une chargeant et déchargeant les châssis, l'autre les exposant à la lumière, on arrive à imprimer environ 60 à 100 épreuves par heure.

Le développement n'est entrepris qu'après qu'on a impressionné tout le contingent du moment ; on se sert alors pour le développateur des formules indiquées soit par M. Morgan, soit par M. Lamy.

Ces révélateurs sont à base d'oxalate ferreux, ainsi que cela a lieu pour les négatifs. Pour des tirages de petites épreuves, le papier Lamy nous paraît convenir mieux qu'aucun autre, parce qu'il donne des images plus superficielles ([1]). Voici,

---

([1]) Le papier pelliculaire Balagny dont il est question dans la

CHAPITRE PREMIER. 21

d'ailleurs, les formules des divers bains de développement et de fixage à employer pour ce papier spécial :

Révélateur :

N° 1. Eau distillée bouillante. . . . . 3000^{cc}
Oxalate neutre de potasse. . . . 900^{gr}

Après refroidissement, filtrer au papier.

N° 2. Eau distillée ou de pluie . . . . 1000^{cc}
Protosulfate de fer . . . . 300^{gr}
Acide sulfurique . . . . 2 gouttes.

Une trop grande quantité d'acide sulfurique fait jaunir les épreuves. Après dissolution, filtrer au papier.

N° 3. Eau distillée ou de pluie. . . 1000^{cc}
Acide citrique. . . . . 500^{gr}

Filtrer au papier après dissolution.

Au moment de développer une image ou peu avant, car le mélange se trouble au bout de peu de temps, on met dans un flacon à large ouverture :

Dissolution n° 1. . . . . 900^{gr}
» 2. 300
» 3. 60

On verse dans une cuvette la quantité nécessaire : le reste sert à renforcer le bain révélateur au fur et à mesure de son affaiblissement pendant

---

première Partie de cet Ouvrage donne aussi d'excellents résultats pour des tirages positifs.

le travail. Les papiers impressionnés sont d'abord assouplis dans un bain d'eau distillée ou de pluie, puis immergés sans temps d'arrêt dans le révélateur. Quand l'action du bain se ralentit, on ajoute 50 à 100 de la réserve contenue dans le flacon.

On lave à trois eaux. Les épreuves sont d'un noir chaud.

Fixateur.

N° 1.	Eau ordinaire.	800^{cc}
	Hyposulfite de soude	200^{gr}
N° 2.	Eau ordinaire chaude. . . .	200^{cc}
	Alun ordinaire pulvérisé . .	50^{gr}

On mélange, puis on laisse refroidir, et l'on filtre après un repos de douze heures. Les épreuves, après avoir séjourné pendant un quart d'heure dans ce bain, sont placées pendant environ *dix minutes* dans un bain pur et neuf composé de :

Eau ordinaire.	1000^{cc}
Hyposulfite de soude	200^{gr}

Le premier bain peut servir plusieurs fois, mais ce dernier doit être renouvelé chaque fois.

Les épreuves lavées à deux eaux sont durcies dans le bain d'alun suivant pendant un quart d'heure :

Eau ordinaire chaude.	1000^{cc}
Alun pulvérisé	100^{gr}

Filtrer après refroidissement.

CHAPITRE PREMIER.

On lave pendant trois ou quatre heures en changeant l'eau tous les quarts d'heure et l'on sèche.

Impressions photomécaniques. — Il faut une étude toute spéciale des procédés photomécaniques pour arriver à en connaître la pratique; aussi n'avons-nous pas la pensée d'en parler en détail ici; nous nous bornerons à renvoyer à nos traités [1] spéciaux les personnes qui voudraient se lancer dans cette voie.

Il peut arriver au touriste photographe d'entreprendre des reproductions dont il aura à faire faire un tirage multiple à l'aide de la phototypie [2], de la photoglyptie ou de la photogravure; il lui est donc utile de savoir comment doivent être exécutés ses clichés en vue de tel ou tel autre genre d'impression mécanique.

Il aura à se rappeler que les clichés destinés à des reproductions phototypiques doivent pouvoir se retourner pour être tirés dans le vrai sens de l'original.

Les négatifs au gélatinobromure sur verre ne permettent guère le redressement; il vaut mieux en pareil cas employer des papiers pelliculaires avec lesquels le tirage positif pourra être pratiqué soit d'un côté de la pellicule, soit de l'autre.

On fait, sur commande, des verres à pellicules

---

[1] Léon Vidal, *Traités de Phototypie, de Photoglyptie.* (Gauthier-Villars, Paris.)
[2] Voir l'épreuve phototypique placée en tête du volume.

réversibles, mais on ne trouve pas à s'en procurer couramment.

Quant à la photoglyptie, sa mise en pratique peut à la rigueur se passer de clichés redressés, mais il est bon de se rappeler que les résultats ne sont que meilleurs lorsqu'on peut user de négatifs retournés. Nous n'avons rien à dire au sujet de la photogravure ; il existe divers procédés de gravure photographique conduisant tous à d'excellents résultats et pour lesquels on se contente des clichés tels qu'ils sont.

C'est donc pour la phototypie principalement qu'il est essentiel de redresser les négatifs, à moins qu'il soit peu important que l'original soit rendu dans son vrai sens ou en sens contraire.

L'amateur photographe aura, ainsi que cela ressort nettement de tout ce qui précède, à user le plus souvent du procédé de tirage sur papier albuminé. C'est encore pour les travaux courants ce qu'il y a de plus simple, de plus commode, de mieux à la portée du plus grand nombre.

Quelquefois il donnera la préférence à la platinotypie, mais alors en vue d'œuvres destinées à durer, ce qui se présentera rarement par rapport à l'ensemble de ses reproductions.

Les autres méthodes seront le fait de personnes se vouant plus spécialement aux travaux photographiques.

Il était utile d'en dire un mot, mais pour signaler

leur existence plutôt que pour en recommander l'emploi direct. En pareil cas, mieux vaut, en effet, recourir à un spécialiste.

Quant à l'impression sur papier albuminé, nous croyons l'avoir assez nettement décrite pour que l'on n'éprouve pas la moindre difficulté à la pratiquer. On opérerait de même sur du papier sensible salé et non albuminé, mais en ce cas les épreuves sont mates et moins fines dans les détails.

Ce procédé est peu employé parce qu'il ne saurait fournir des images aussi transparentes, aussi complètes à tous égards que celles du papier sensible albuminé.

CHAPITRE II.

Agrandissement de négatifs de petite dimension. Projections.

Il est impossible de concilier la portativité réelle des appareils de reproduction photographique avec l'obtention de négatifs d'un grand format; les petites épreuves obtenues avec des chambres noires d'un volume très restreint ne sauraient d'autre part être assez nettement visibles, surtout s'il s'agit de reproductions dans lesquelles abondent les détails; il est donc nécessaire, en pareil cas, de recourir à l'agrandissement ultérieur des clichés originaux.

Prenons pour exemple un des appareils portatifs que nous avons décrits : la chambre noire automatique à bande pelliculaire sans fin de M. Stebbing.

Les épreuves que donne cet ingénieux outil n'ont que 6×6; elles sont vraiment un peu trop petites pour donner lieu à un tirage direct sur papier positif ainsi qu'on le fait des épreuves de formats courants. Pour un œil doué de la faculté de bien voir les objets de très petite dimension, ces épreuves directes suffiraient à la rigueur, mais on aime généralement à ne pas fatiguer sa vue par l'examen d'images à ce point minuscules, et l'on ne transformera les épreuves prises sur nature en collections d'une utilité vraiment pratique qu'en les agrandissant, ce qui n'offre d'ailleurs aucune difficulté sérieuse, ainsi qu'on va le voir.

A l'aide des papiers sensibles au gélatinobromure d'argent tel que celui que fabrique la maison Hutinet (¹), on peut réaliser l'impression directe d'épreuves agrandies et ces opérations s'exécutent avec une très grande rapidité.

Il est nécessaire pour cela faire d'employer une des lanternes à projection de la maison Molteni ou de la maison Laverne (²).

Ces lanternes sont éclairées avec de l'huile de pétrole. La nature de leur construction, très bien comprise, garantit contre toute infiltration vers l'extérieur de la lumière intérieure.

Le négatif est posé dans le porte-objet et la mise au point réglée suivant la dimension désirée.

Un coin du laboratoire obscur peut être réservé à ces tirages spéciaux ; et, les dispositions une fois prises pour assurer le parallélisme rigoureux entre les plans du cliché original et l'écran où se

---

(¹) Avenue Parmentier, 18, Paris.
(²) Voir Première Partie, pages 158 et 159.

forme l'épreuve agrandie, il n'y aura plus à y toucher.

La distance à laquelle doit être projetée une image agrandie de quatre à huit fois la dimension du petit négatif est très peu considérable; il en résulte que l'on a beaucoup de lumière sur l'écran sensible et par suite une impression très rapide.

La netteté de l'image et sa mise au point seront d'autant plus faciles à réaliser que l'agrandissement sera moindre. Nous engageons d'ailleurs les opérateurs qui se livrent à ce mode d'impression à ne jamais dépasser huit à dix fois en surface les dimensions premières pour des épreuves à laisser sans retouches. Il n'y a aucun inconvénient à exagérer davantage l'épreuve originale si l'on doit revenir ensuite sur l'agrandissement avec le crayon et le pinceau de façon à en corriger les défectuosités.

Le procédé que nous indiquons permet donc de se passer de la lumière solaire. Quelques minutes suffisent, suivant le degré d'agrandissement pour chaque nouvelle épreuve obtenue directement d'après le cliché original à l'état positif. Il suffit d'une épreuve d'essai pour mesurer exactement la durée de l'exposition nécessaire, et puis, cette durée étant connue, on peut en quelques instants avoir tiré douze à quinze épreuves que l'on développe immédiatement en se conformant aux indications données pour l'emploi du papier au gélatino-bromure brillant.

l'on voulait produire des agrandissements d'une dimension plus considérable, atteindre par exemple à la grandeur nature ou demi-nature pour des portraits, pour certains objets d'art, etc., la clarté d'une lampe à pétrole ne suffirait plus, il faudrait recourir soit à une lumière oxhydrique, soit à une lumière électrique; mais l'emploi de ces moyens n'est plus à la portée des amateurs, il n'est propre qu'à des ateliers professionnels : nous n'avons donc pas à nous en occuper ici.

Au lieu d'user d'une lampe à pétrole, on pourrait aussi se servir de la lumière solaire, soit directe, soit diffuse; mais cela complique de beaucoup le matériel, en obligeant à avoir un atelier disposé spécialement pour cet objet; et d'ailleurs les heures de travail sont alors limitées à celles où le jour est le plus vif. Nous conseillons à nos lecteurs, désireux de simplifier à la fois leur besogne et leur matériel, de se borner à l'acquisition d'une lanterne à pétrole; ils pourront ajouter à cet instrument telle lentille qui conviendra le mieux, suivant le résultat à obtenir, à leur travail spécial, et ils auront l'agrément de pouvoir, sans transposition, ainsi que cela arrive pour bien des procédés d'agrandissement, — nous voulons dire sans avoir à faire un positif pour en tirer ensuite un négatif, — imprimer directement les épreuves dans leur propre atelier sans aucun embarras, sans aucune difficulté et avec une très grande rapidité.

Au cas où l'on voudrait faire un négatif agrandi soit pour le transmettre à une maison d'impression spéciale, soit pour en tirer soi-même des épreuves au chlorure d'argent, au platine, etc., l'impression directe ne saurait avoir lieu comme dans le premier cas; il faudrait alors tirer un positif par contact sur une pellicule sensible, développée de façon à donner tous les détails sans trop grande intensité dans les ombres; puis ce positif placé entre deux glaces, dans le porte-objet de la lanterne, servira à imprimer un négatif, soit pelliculaire, sur un papier à pellicule réversible, soit rigide, sur une plaque à la gélatine; on opérera de la même façon que pour les positifs directs.

Nous bornerons là nos indications relatives aux agrandissements; elles nous paraissent assez complètes pour qu'on n'éprouve aucune hésitation dans la marche à suivre pour la mise en pratique de ce procédé.

Nous n'avons qu'un seul mot à ajouter à ce chapitre pour dire que la possession d'une lanterne à projection donne l'avantage de pouvoir, sans même tirer des épreuves, projeter sur un écran les petits positifs qu'on aura imprimés par contact sur verre et sur pellicule, et de les voir soi-même ou de les montrer à d'autres sous un format très agrandi. L'artiste aura ainsi à volonté le moyen d'agrandir les documents nécessaires à ses compositions et de les consulter dans un état où les reliefs sont bien plus apparents que dans une toute petite image. Le savant préparera lui-même de la sorte ses sujets de projection à l'appui de ses indications orales.

Nous n'hésitons donc pas à prescrire l'achat d'une bonne lanterne à projections photographiques dans la nomenclature des objets qui, selon nous, doivent constituer le matériel d'un touriste photographe. Nous disons *bonne lanterne*, car il faudrait se méfier de ces appareils désignés sous le nom de lanterne magique et destinés à amuser les enfants plutôt qu'à produire des projections conservant toute la précision du type original [1].

D'ailleurs, ces lanternes, devant servir à des agrandissements sur papier très sensible, demandent à être construites de façon à ne laisser sortir d'autres rayons lumineux que ceux qui traversent le négatif et elles doivent être munies de bons objectifs.

---

[1] M. Molteni a publié un traité spécial relatif aux projections. On fera bien de consulter cet Ouvrage si l'on a l'intention de se livrer à la production de ces sortes d'images.

CHAPITRE III.

Montage, retouche et satinage des épreuves positives.

Les épreuves positives sur papier albuminé sont généralement montées sur des cartons; on les rogne tout autour avec un canif à la dimension voulue à l'aide de calibres coupés pour les diverses dimensions normales, ou bien à la règle.

Quand elles sont rognées, on les enduit de colle d'amidon, le côté de l'épreuve portant sur une feuille de buvard; généralement, on enduit de colle plusieurs épreuves successivement; puis, à mesure que l'on applique le premier enduit sur le bristol ou le carton, on le remplace par un autre que l'on recouvre de colle et ainsi de suite; il faut, quelle que soit la méthode employée, laisser le papier se bien pénétrer d'humidité, sans quoi le collage sera mauvais.

Sous l'influence de l'humidité de la colle, le papier se distend dans les deux sens, mais pas régulièrement.

La distension est plus grande dans le sens de la longueur des feuilles que dans celui de la largeur.

On a à tenir compte de cette distension, quand on fait un calibre pour couper une série d'épreuves d'une dimension déterminée.

La principale des précautions à prendre, en débitant le papier albuminé sensibilisé, consiste dans une division de ce papier dans un sens toujours le même; il sera, par exemple, pour faire des épreuves format album, plié sur lui-même au milieu, dans le sens de la longueur (nous parlons ici de la feuille entière (45 × 55), puis replié encore sur la moitié de cette moitié; cela donnera quatre bandes que l'on coupera chacune par tiers dans le sens de la longueur; il en résultera douze fragments un peu plus grands que le format album et tous coupés dans le sens de la longueur. La distension de ces épreuves lors du collage aura lieu également pour toutes, dans leur longueur plus que dans leur largeur.

Pour exécuter le calibre, on procède par tâtonnement. On coupe une première épreuve à la dimension exacte que doivent avoir les épreuves une fois collées; on l'immerge dans de l'eau où elle se distend, puis on l'éponge entre du buvard et l'on mesure de combien elle dépasse en longueur et en largeur les dimensions qu'avait l'épreuve avant d'être mouillée.

Ce calibre devra être tenu plus court dans les

deux sens précisément de l'excès constaté par le fait de la distension du papier mouillé.

Si l'on ne fait pas un calibre, on marquera dans une bande de papier les deux dimensions, hauteur et largeur, en tenant compte en retrait de l'excès résultant de la distension sur l'épreuve d'essai.

Au lieu de faire l'essai sur une bonne épreuve qu'il faudrait soumettre à une nouvelle dessiccation pour la rogner ensuite de nouveau, on use d'une épreuve de rebut ou d'un morceau du même papier coupé dans le même sens.

Si l'on intervertissait le sens du papier en le débitant, on ne pourrait plus compter sur un débit régulier lors du rognage; nous conseillons donc d'adopter pour chaque format d'épreuves un sens de section déterminé et de n'en jamais sortir quand on aura à monter ultérieurement ces épreuves sur des cartons où la marge est très courte, tels que les cartons du format *Visite*, *Album*, *Promenade*, *Panneau*, etc.

La nature de la colle employée mérite quelque attention; en principe, toute colle à réaction acide doit être mise de côté; il est des colles de pâte, d'amidon, de gélatine qui, soit par la nature des produits que l'on y ajoute, soit par le fait d'une acétification provenant de leur décomposition, sont plus ou moins acides. L'emploi de ces colles peut conduire à la perte rapide des épreuves à l'argent; on doit ne se servir que de colle d'amidon ou de

CHAPITRE TROISIÈME.

pâte fraîchement préparée et proscrire la colle forte de gélatine à froid. Cette colle est maintenue fluide par suite d'une addition d'acide acétique : les épreuves se trouveraient atteintes par cet acide.

Nous voyons recommander, pour former une bonne colle, la préparation suivante ([1]) :

Arrowroot de première qualité . . .	105^{gr}
Eau.	840
Gélatine fine	10,4
Esprit de bois	60
Acide phénique.	12 gouttes.

On mêle l'arrowroot avec 180^{gr} d'eau de manière à former une pâte homogène, puis on ajoute le reste de l'eau dans laquelle on a fait préalablement tremper la gélatine. On fait bouillir pendant trois à quatre minutes, en remuant vivement, puis on laisse refroidir un peu. Quand la température n'est plus haute, on ajoute l'esprit de bois dans lequel on a dissous l'acide phénique, on continue de remuer le tout avec soin, jusqu'à ce que le mélange soit bien intime.

Cette préparation peut être conservée assez longtemps sans se détériorer et elle colle parfaitement les épreuves photographiques.

M. Walter Woodbury a donné la formule d'une colle de gélatine en dissolution alcoolique qui, dans les cas où l'on a à monter des épreuves à papier résistant, comme, par exemple, les épreuves

---

[1] *Moniteur de la Photographie*, année 1883, page 133.

de photoglyptie, convient parfaitement à cause de son plus grand pouvoir adhérent. Voici cette formule (¹) :

> A 192 parties de gélatine, l'on ajoute
> 385   »   d'eau
> 6   »   de glycérine.

Dès que la gélatine a absorbé tout le liquide, on met au bain-marie jusqu'à complète liquéfaction ; on verse alors peu à peu dans cette dissolution, en agitant continuellement, 576 parties d'alcool méthylique (esprit de bois).

Une fois le mélange terminé, on filtre à travers de la mousseline.

Cette colle offre l'avantage de sécher très vite, de se conserver indéfiniment et de provoquer une grande adhérence entre les objets collés.

Étant moins aqueuse que les colles précédentes, elle occasionne une distension moindre, et il est des cas où cette qualité peut être appréciée.

Quel que soit le procédé de collage employé, dès que les épreuves sont montées et sèches, on peut les retoucher au crayon ou au pinceau, suivant la nature de la retouche qu'elles exigent. Les couleurs à l'albumine de M. Encausse (²) peuvent servir de préférence à d'autres pour que la retouche ne produise pas sur le papier une épaisseur mate.

(¹) Léon Vidal, *Traité pratique de Photoglyptie*. (Gauthier-Villars.)
(²) Rue Rochechouart, 57, Paris.

CHAPITRE TROISIÈME.

Il n'est aucune règle précise à indiquer pour cette retouche, qui consiste d'ailleurs le plus souvent dans l'élimination des points blancs et dans l'addition de quelques demi-teintes, rongées par l'hyposulfite, ou bien insuffisamment venues au tirage, dans les grands blancs, par suite de l'emploi de clichés trop durs.

Quand la retouche est terminée, on encaustique les épreuves en les frottant avec un morceau de flanelle très légèrement enduite d'encaustique à la cire. Ce composé est préparé comme il suit :

On mélange à chaud de la cire blanche, de l'essence de térébenthine et de l'essence de lavande. Ce mélange se prend en masse par le refroidissement. On doit y mettre la cire voulue pour qu'il ait, une fois refroidi, la consistance moyenne du suif.

Il reste à cylindrer les épreuves ou à les satiner pour leur donner une planité complète et en même temps pour abattre le grain du papier qui s'est gonflé par suite du mouillage par la colle.

Les cylindres à satiner les épreuves, pour des dimensions un peu grandes surtout, n'étant pas à la portée de tous les amateurs à cause de leur prix élevé, on a recours à des marchands de produits photographiques ou à des photographes qui se chargent de ce satinage moyennant une faible rétribution.

Nous ne parlerons pas ici de l'émaillage des

épreuves, on ne se sert guère de ce procédé de brillanter les images photographiques que pour le portrait et dans quelques cas spéciaux. Les personnes qui désireraient pourtant savoir comment se pratique cet émaillage n'auront qu'à recourir au Traité de Monckhoven, 7ᵉ édition, page 254.

Les épreuves ainsi traitées gagnent en transparence et en profondeur, mais leur aspect est peu artistique. Nous conseillons donc de ne jamais émailler les épreuves de vues. D'ailleurs, leur conservation en cet état est difficile, la couche de gélatine et de collodion qui recouvre l'image étant susceptible de s'érailler facilement.

Il convient quelquefois de doubler simplement les épreuves pour leur donner plus de consistance sans cependant les coller sur de la carte. On se *sert* en ce cas de papier un peu fort. L'épreuve y est collée comme il a été dit plus haut. On satine après dessiccation complète, on rogne et l'on colle, par les bords seulement, sur les feuilles d'album, de façon à éviter le godage de ces feuilles.

CHAPITRE IV.

**Redressement des négatifs sur verre
au collodion, à la gélatine et sur papier pelliculaire.**

Il existe divers moyens de redressement des négatifs, c'est-à-dire d'enlever le cliché à l'état pelliculaire, de le séparer du verre pour pouvoir l'imprimer du côté qui portait sur le verre même.

Très souvent cela est nécessaire, surtout quand le négatif doit servir à des impressions phototypiques, ou à d'autres applications des procédés photomécaniques.

Quand on a un cliché sur collodion non verni préalablement, il est assez aisé de l'enlever du verre ; voici deux moyens qui conduisent facilement à ce résultat :

1° Procédé à la gélatine et au collodion. Le négatif est d'abord recouvert d'une très légère couche de gélatine à 15 pour 100 qu'on laisse sécher.

Cette couche doit être d'une épaisseur bien uniforme sur toute l'étendue du cliché ; quand elle est sèche, on la recouvre d'une couche de collodion normal à 1,5 pour 100 de pyroxyline, puis, quand le collodion est bien sec, on verse sur sa surface, la plaque étant posée bien horizontalement sur un pied à vis calantes, une deuxième couche de gélatine à 15 pour 100, mais un peu plus épaisse que la première.

On laisse la dessiccation s'opérer spontanément, mais dans un endroit où elle soit à l'abri de tout courant d'air, de toute poussière. On peut terminer l'opération, cette couche une fois sèche, par un dernier enduit formé de collodion normal léger à 1 pour 100 seulement de pyroxyline.

Tandis qu'il est encore un peu moite, on coupe avec une pointe de canif les quatre bords du cliché, on en soulève un coin et il se détache aisément du verre ou de la glace.

2° Procédé d'enlèvement au caoutchouc. Un autre moyen bien simple aussi et plus rapide que le précédent consiste dans l'emploi d'un vernis au caoutchouc manufacturé en dissolution dans de la benzine cristallisable.

Les clichés ne doivent pas être vernis, ou, s'ils l'étaient, ils devraient être dévernis. Il n'est pas nécessaire de prendre aucune précaution préalable s'il s'agit de négatifs sur collodion; mais, pour des négatifs à la gélatine, il faudrait opérer sur des plaques de verre préalablement talquées avant d'être couchées de l'enduit sensible.

CHAPITRE QUATRIÈME.

Voici la façon d'opérer :

On prépare d'abord en telle quantité qu'indiquent les besoins :

1° Un vernis au caoutchouc ainsi composé :

Benzine cristallisable.	100^{gr}
Caoutchouc manufacturé	3 environ.

Ce liquide est filtré avec soin et conservé dans un flacon bouché à l'émeri ;

2° Du collodion normal :

Alcool rectifié	50 parties.
Éther à 92°.	50 »
Coton-poudre.	1^{gr},5

Le cliché à retourner est d'abord recouvert avec le vernis au caoutchouc comme si on le collodionnait. L'excédent en est recueilli à part dans un autre récipient à large ouverture bouché à l'émeri. On le refiltre ensuite dans le premier flacon pour le débarrasser des poussières qu'il pourrait avoir entraînées de dessus la surface du négatif.

Cette couche de vernis se sèche assez rapidement, et quand la volatilisation de la benzine paraît suffisante, sans attendre même que la dessiccation soit complète, on verse sur le vernis au caoutchouc du collodion normal, de façon à recouvrir la plaque en entier et l'on fait écouler l'excédent comme à l'ordinaire.

Dès que le collodion normal est sec, ce qui n'est

pas long, on coupe la couche avec une pointe de canif et une règle, tout autour du négatif, à la justification voulue; on prend ensuite deux feuilles d'un papier quelconque tenues un peu plus grandes, dans les deux sens, que la pellicule à retourner.

L'une de ces feuilles est immergée dans une cuvette d'eau, puis appliquée sur le négatif; on chasse l'excès de l'eau et l'on provoque l'adhérence à l'aide d'un rouleau formé par un cylindre de bois recouvert, avec pression, d'un morceau de tube en caoutchouc vulcanisé, le tout pivotant sur deux axes recourbés en forme de fourche et réunis dans un même manche.

Avec la pointe d'une lame de canif on relève d'abord un des angles du papier que l'on rabat sur lui-même, puis on soulève avec précaution le même angle correspondant de la pellicule et on le rabat sur l'angle de papier déjà replié. Enfin, saisissant le papier et la partie de la pellicule qui est repliée sur lui entre le pouce et l'index, on arrache le tout d'un mouvement rapide et continu : la pellicule abandonne le verre avec facilité et se trouve retournée et étendue sur la feuille humide.

Si l'on veut en user à l'état pelliculaire, il n'y aura qu'à l'introduire entre du buvard et à laisser se sécher à plat la feuille de papier humide qui a servi au retournement. Si l'on tient à maintenir de nouveau le négatif sur une glace mais retourné.

on mouille, comme la première, la deuxième feuille de papier, et on l'applique de la même façon sur la pellicule, puis on soulève un des coins du papier; étant plus fraîchement mouillé, il adhère à la couche pelliculaire plus que celui de dessous, qui d'ailleurs est retenu par son dos sur la glace où il a été étendu, et la séparation s'effectue encore rapidement, la pellicule ayant alors repris sur la deuxième feuille la position qu'elle occupait sur la glace. On passe alors de la gomme en dissolution dans de l'eau sur une glace bien propre et on y applique la pellicule toujours soutenue par le papier; avec le rouleau on fait bien adhérer partout en chassant les bulles d'air, puis on supprime le support provisoire.

On pourrait se passer de gomme à la rigueur, mais l'opération est bien plus sûre avec cet auxiliaire.

M. Arents a mesuré le retrait de la pellicule retournée par rapport à ses dimensions avant le retournement : il est peu sensible, puisqu'on ne trouve qu'une différence de $0^m,002$ sur une longueur de $0^m,32$.

Le côté retourné offre assez de résistance pour qu'il soit inutile de le vernir; il serait d'ailleurs dangereux de le vernir à l'alcool, car le cliché se craquellerait certainement à cause de la différence des retraits du vernis à l'alcool et de celui au caoutchouc.

Les clichés à la gélatine s'enlèveraient, dit M. Arents, par ce procédé aussi bien que ceux au collodion.

Cette méthode est, on le voit, d'une exécution rapide et facile et d'une très grande simplicité. Ce sont qualités de premier ordre et qui la recommandent à tous ceux pour qui le retournement d'un cliché est encore matière à hésitation.

On est encore plus certain de réussir dans l'opération de l'enlèvement d'un négatif à la gélatine, si l'on a, après avoir talqué la glace ou la plaque de verre, recouvert cette dernière d'une couche de collodion normal à 1/2 ou à 2 pour 100 de coton-poudre. C'est sur cette couche de collodion qu'on verse et qu'on étend l'émulsion.

Quand le cliché est terminé et lorsqu'il est bien sec, on le recouvre d'une nouvelle couche de collodion normal, et quand cette couche est sèche, on entaille les bords avec une pointe de canif, et l'on enlève la pellicule sans aucune difficulté.

Le cliché se trouve emprisonné entre deux couches de collodion, ce qui assure sa parfaite conservation.

« On peut encore, dit le Dr Eder, parvenir à
« détacher du verre la couche de gélatine sans que
« la plaque ait subi une préparation préliminaire.
« Pour cela, on met tremper la plaque pendant 1/2 à
« 1 heure dans de l'eau additionnée d'acide chlor-
« hydrique (1 : 20); on coupe alors les bords,

CHAPITRE QUATRIÈME. 45

« puis on détache la couche. Il est bon, avant de
« faire subir cette opération à la plaque, de lui don-
« ner une couche de collodion normal à 2 pour 100,
« qu'on laisse faire prise ; on traite la plaque à
« l'acide chlorhydrique avant que le collodion ne
« soit tout à fait sec. On doit détacher la couche
« sous l'eau et la transporter sur une plaque de
« verre propre (en évitant les bulles); on fixe les
« bords de la couche sur la plaque au moyen
« de bandes de papier gommé ; puis on laisse
« sécher. »

Quand on opère sur papier à pellicule réversible comme l'est celui de M. Thiébaut, il n'y a qu'à laisser le négatif se sécher parfaitement entre des feuilles de buvard, si les épreuves sont de petit ou de moyen format, puis à frôler avec les doigts un des coins de l'épreuve pour voir la pellicule se séparer du papier. On saisit alors le coin de la pellicule d'une main, le coin correspondant du papier de l'autre main, et la pellicule se trouve détachée sans difficulté aucune. Elle peut servir du côté qui adhérait d'abord au papier, l'image se trouvant formée dans toute l'épaisseur de la couche sensible.

Si l'épreuve est d'un format supérieur à 15 × 21, mieux vaut, pour la faire sécher sans déformation, l'appliquer contre une glace, la couche de gélatine en dessus, alors qu'elle est tout humide et simplement épongée avec du buvard. On fixe les quatre bords à la glace avec des bandes de papier gommé, et on laisse se sécher le cliché; il se tend parfaitement à mesure qu'il se sèche. On coupe ensuite tout autour avec un canif et on détache ensuite la pellicule en frôlant un des coins, ainsi qu'il vient d'être dit (¹).

De cette façon, on est certain d'obtenir des négatifs d'une parfaite planité, pourvu qu'on les tienne enfermés dans un carton entre des feuilles de buvard et dans un endroit sec.

On voit qu'au point de vue du redressement des clichés, le papier à pellicule réversible est de beaucoup préférable à tous les autres procédés. Il y a donc avantage à l'employer en dépit de son coût en apparence plus élevé que celui des plaques. Ces dernières coûtent généralement 6 fr. la douzaine du format 13 × 18. Une douzaine de papiers pelliculaires du même format peut coûter de 7 fr. 50 à 8 fr.; mais il faut remarquer que les produits à employer pour le redressement des négatifs à la gélatine sur verre, sans parler de la perte de temps et du risque de compromettre les négatifs, coûteraient plus de 1 fr. 50. D'ailleurs, des plaques préparées spécialement en vue du redressement ne sont exécutées que sur commande et le plus souvent à un prix supérieur à celui des plaques courantes.

(¹) *Voir*, pour le redressement des négatifs du papier pelliculaire Balagny, ce qui en a été dit dans la Première Partie de ce *Manuel*, pages 33 à 46.

CHAPITRE QUATRIÈME.

C'est là une considération qu'il ne faut pas perdre de vue sans omettre encore qu'il est bien plus commode d'avoir sa collection de négatifs à l'état pelliculaire dans des albums de papier buvard répertoriés que de les avoir sur verre, ce qui est lourd, encombrant, cassant et d'un classement difficile, à moins d'avoir un nombre considérable de boîtes à rainures.

Pour tous autres détails et procédés relatifs au redressement des clichés, nous renverrons au Chapitre V de notre *Traité de Phototypie* [1].

On trouvera à l'Appendice qui termine cette Deuxième Partie, le procédé indiqué par M. Bory, pour le redressement des négatifs sur plaques à la gélatine.

[1] Librairie Gauthier-Villars.

CHAPITRE V.

**Insuccès du procédé au gélatinobromure.
Accidents et remèdes.**

Nous empruntons encore au savant ouvrage de M. le Dr Eder quelques indications des insuccès auxquels on est exposé dans l'emploi des plaques au gélatinobromure, et des remèdes à l'aide desquels on peut combattre ces insuccès.

« 1. *Les plaques ou les papiers émulsionnés moisissent*. Cela provient de ce qu'on les a conservés dans un endroit humide. *Remède* tout indiqué : conserver ces préparations dans un lieu bien sec.

« 2. *Les plaques repoussent le révélateur*. Cela se produit dans les cas suivants :

a) Lorsque les plaques ont été conservées pendant très longtemps dans un endroit très sec, elles se laissent pénétrer d'une manière inégale et avec difficulté par le révélateur, ce qui est la cause de taches. *Remède :* plonger la plaque pendant quelque temps dans de l'eau avant de la développer ; faire couler une grande quantité de révélateur à la surface de la plaque.

b) Lorsqu'on a ajouté trop d'alun de chrôme à l'émulsion, de sorte qu'elle est, pour ainsi dire, trop tannée. En ajoutant quelques gouttes de glycérine à l'émulsion, elle absorbe l'eau plus facilement. Si l'on développe à l'acide pyrogallique, il est bon de couvrir d'abord la plaque de la solution ammoniacale qui rend la couche plus perméable et de n'ajouter qu'ensuite la solution d'acide pyrogallique. Les plaques qui repoussent fortement le révélateur doivent être mises pendant quelques minutes dans de l'eau à 40° C.

« 3. *L'image paraît voilée*, et le voile, après fixage, a la même couleur que le négatif, c'est-à-dire que les plaques développées à l'oxalate ferreux ont un voile gris, et celles développées à l'acide pyrogallique, un voile plus ou moins brun.

« Avant toutes choses, il faut déterminer si le voile provient d'un excès de pose, d'un mauvais révélateur, ou d'une émulsion gâtée, ou bien s'il est causé par une lumière étrangère : dans ce but, il faut voir si les bords de la plaque restent blancs ou non pendant le développement.

a) Si toute la plaque se voile, à l'exception des marges ou des coins, c'est alors la preuve la plus évidente qu'il y a eu surexposition, ou bien accès d'une lumière étrangère pendant l'exposition.

b) Si la plaque tout entière se voile pendant le développement, le voile peut avoir été causé par une lumière étrangère. Il faut vérifier d'abord les châssis, etc., ainsi que les carreaux rouges du laboratoire; l'objectif doit être vissé soigneusement sur la planchette. On recouvre soigneusement la moitié d'une plaque, puis on l'expose pendant trois à cinq minutes contre le carreau rouge, et on la développe avec un révélateur frais. Dans des conditions absolument normales, les deux moitiés doivent rester pures; sinon, la conclusion est facile à tirer.

c) Le voile est uniforme, lorsque le bromure d'argent a déjà été décomposé partiellement pendant la préparation, c'est-à-dire par suite d'une digestion trop longue à une température trop élevée, par suite d'une addition trop considérable d'ammoniaque, par l'emploi de gélatine ou de bromure alcalin dans certains procédés de préparation de l'émulsion, par un commencement de décomposition de la gélatine.

« On a déjà indiqué le moyen d'y remédier (*voir* EDER, p. 105). Nous pouvons répéter qu'il faut plonger les plaques dans une solution de bichromate de potassium, ou, ce qui est mieux, de bichromate de potassium et d'acide chlorhydrique (1 partie de bichromate, 3 parties d'acide, 150 parties d'eau), ou bien de prussiate rouge de potasse ou de bromure de potassium (10 parties de prussiate, 10 parties de bromure et 150 parties d'eau); ces deux dernières solutions ont été indiquées par l'auteur. Après ce bain, les plaques doivent être lavées soigneusement et séchées avant de les exposer. Lorsqu'on s'aperçoit que l'émulsion voile, on la met, avant de la laver, dans une solution de 3 à 4 pour 100 de bichromate de potassium, pendant quelques heures; après quoi, on la lave soigneusement.

d) Lorsque les plaques recouvertes d'émulsion à la gélatine sèchent trop lentement. Ceci arrive fréquemment lorsque les plaques mettent plus de trois à six jours pour sécher. Dans ce cas, la surface de la couche donne pur, tandis que la partie centrale, qui sèche en dernier lieu, voile fortement. D'après Haack, le remède à employer consisterait à asperger le séchoir d'acide phénique.

e) Lorsque les plaques sèchent à une température trop élevée.

« Si les plaques subissent l'action d'une chaleur trop forte dans le séchoir, il arrive le plus souvent qu'elles voilent au développement.

f) Les plaques, conservées pendant un certain temps dans un endroit humide, ont une tendance à se voiler et même à perdre leur sensibilité. Une atmosphère impure (surtout d'hydrogène sulfuré) est également une source de voile.

g) Lorsque les plaques ont été enveloppées dans certaines espèces de papier, telles que : du papier imprimé, certains papiers colorés, l'étain en feuilles, etc , il se forme soit du voile, soit des taches provenant d'une réduction partielle du bromure d'argent. Le bord des plaques qui a touché le carton que l'on met dans l'emballage pour séparer les plaques l'une de l'autre, marque presque toujours dans le négatif.

« 4. *Le voile rouge* se produit lorsque l'émulsion a été préparée avec un excès de nitrate d'argent, ce qui se présente rarement dans les émulsions que l'on vend actuellement. Mais, d'après Chardon, il peut également se présenter dans une émulsion contenant un excès de bromure soluble, lorsqu'on verse la gélatine, contenant le bromure, dans la solution de nitrate d'argent, au lieu de faire le contraire. Dans le premier cas, il se forme une combinaison du nitrate d'argent avec la gélatine ou d'autres substances organiques. D'après Abney, ces voiles rouges ne se montrent jamais lorsqu'on développe ces émulsions à l'oxalate ferreux.

« 5. *Le voile jaune (jaune rougeâtre ou jaune brun)* provient (outre l'action de la lumière étrangère) :

a) D'un développement défectueux à l'acide pyrogallique. Le voile est uniforme sur toute la plaque, lorsqu'on a employé trop d'ammoniaque dans le révélateur, lorsque la solution d'acide pyrogallique est trop concentrée et lorsqu'on a développé trop longtemps ; on peut éviter cet insuccès en employant moins d'ammoniaque et plus de bromure dans le révélateur. Le sulfite de sodium empêche presque toujours ce voile rouge.

CHAPITRE CINQUIÈME.

b) De l'emploi d'une solution trop vieille d'acide pyrogallique devenue brune; les négatifs ont souvent un voile de même coloration, qu'on peut faire disparaître en plongeant la plaque, après fixage, dans un bain de 3 parties d'acide chlorhydrique et 100 parties de solution saturée d'alun. Lorsque le voile jaune persiste, on met la plaque dans une solution de bichlorure de mercure; on la lave et on la recouvre d'une solution diluée de cyanure de potassium.

c) Il se produit un voile inégal rouge ou jaune, lorsque la plaque n'a pas été recouverte uniformément de révélateur, et que l'air a agi sur certaines places (même remède que dans le cas précédent).

d) Si le révélateur à l'oxalate ferreux a été incomplètement éliminé par le lavage, l'hyposulfite du bain de fixage se colore en jaune et communique cette coloration au négatif. De même, lorsque la solution de fer est vieille et n'est pas acide (*Remède* : ajouter quelques gouttes d'acide sulfurique à la solution du sulfate ferreux). La même coloration se produit souvent, quand on fixe dans le même bain successivement des plaques développées à l'acide pyrogallique et d'autres développées au fer. La coloration jaune peut s'enlever souvent, en versant sur la plaque de l'hyposulfite frais. On peut, dans ce cas, s'aider du bain d'acide chlorhydrique mentionné en *b*.

« 6. *Voile vert.* Ce voile peut avoir diverses causes :

a) D'après Abney, il y a un voile vert dichroïque, ainsi nommé parce que le négatif fixé paraît vert à la lumière réfléchie, et légèrement rouge à la lumière transmise; on l'enlève au moyen de substances oxydantes, telles qu'une solution de bichromate de potassium, qui est parfois efficace, mais pas toujours; ou bien, ce qui réussit le mieux, le bioxyde d'hydrogène (eau oxygénée), ou le bain d'acide chlorhydrique.

b) Les plaques ont un voile vert foncé ou vert brunâtre, lorsqu'on les fixe dans de l'hyposulfite très vieux et devenu brun, surtout lorsque le révélateur au fer a été mal enlevé par le lavage.

« 7. *Voile blanc laiteux*. On le remarque souvent dans le développement à l'oxalate de fer. L'auteur l'a désigné sous le nom de *voile de chaux*. Il se forme lorsqu'on lave les plaques avec une eau calcaire, après le développement à l'oxalate ferreux. Il se dépose de l'oxalate de calcium insoluble et blanc. Le voile blanc n'offre pas d'inconvénients, parce que, à l'impression, il laisse complètement passer la lumière et qu'il disparaît tout à fait au vernissage. On peut également l'enlever par l'action de l'acide chlorhydrique très dilué. Ce voile se produit très rarement, lorsqu'on a développé à l'acide pyrogallique.

« 8. La plaque se recouvre pendant le développement d'une poudre jaune, ressemblant à du sable fin, lorsqu'on l'a développée à l'oxalate ferreux, et que ce révélateur n'a pas été fait dans des proportions exactes, car, en employant un excès de fer, il se produit un précipité pulvérulent d'oxalate de fer. *Remède :* augmenter la proportion de la solution d'oxalate de potassium. On jette le révélateur qui se trouve dans la cuvette et on le remplace par du frais, préparé dans des conditions normales.

« Parfois on emploie, par erreur, du bioxalate de potassium ; dans ce cas, la précipitation de l'oxalate de fer est très intense. Il se produit la même chose lorsqu'on a trop acidifié la solution d'oxalate neutre de potassium.

« 9. *Les points et taches claires à contours peu définis*, qui se montrent après le fixage, proviennent de la présence d'une matière grasse dans la gélatine. Ils disparaissent quelquefois, lorsqu'on chauffe l'émulsion en présence d'un peu d'ammoniaque, et qu'on lave ensuite.

« Les petits points clairs sont quelquefois provoqués par des poussières qui empêchent l'action de la lumière ainsi que celle du révélateur. La cause en est presque toujours due à des bulles d'air extrêmement ténues qui se trouvent dans l'émulsion. Ce défaut ne se présente presque jamais lorsqu'on a soin de ne pas agiter l'émulsion finie, lorsqu'on la filtre ou que l'on fond l'émulsion en la coulant dans une cuvette pour lui faire faire prise et qu'on la garde plusieurs jours avant de l'employer.

DEUXIÈME PARTIE.

« La cause peut en être attribuée également à la présence d'iodure d'argent à l'état floconneux.

« 10. *Les points blancs le plus souvent à contours bien définis et les taches rondes*, qui sont visibles déjà pendant le développement et sont brillants comme le verre, après fixage, sont causés par les bulles d'air qui adhèrent à la plaque pendant le développement et empêchent ainsi l'action du révélateur. On fait disparaître ces bulles d'air en remuant la cuvette à développer, ou bien en passant le doigt à la surface de la plaque.

« 11. *Les points ronds et mats*, qui sont déjà visibles sur la plaque avant le développement (ils forment de petits puits ou dépressions), donnent des taches plus foncées dans le négatif développé et fixé (*fig.* 2). Malheureusement, on rencontre fort

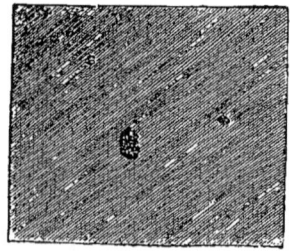

Fig. 2.

souvent ces défauts. Ils se produisent plus souvent lorsqu'on a employé de la gélatine pure que lorsqu'on se sert de gélatine tendre qui fait prise plus lentement.

CHAPITRE CINQUIÈME.

« Ces points proviennent, dans la plupart des cas, d'un manque de proportion entre le bromure d'argent, la gélatine et l'eau. Plus la proportion de gélatine est forte par rapport à celle du bromure d'argent, moins on les rencontre, et, d'un autre côté, ils se produisent d'autant plus facilement que l'émulsion est plus aqueuse. Il est difficile de remédier à ce défaut lorsqu'il se produit. Ce qu'il y a de mieux à faire, c'est d'ajouter à l'émulsion une solution de gélatine à 1 : 6.

« Les poussières, les petits filaments, qui s'introduisent dans l'émulsion qui n'a pas entièrement fait prise, donnent lieu à des taches qui ont quelque analogie avec les points dont nous venons de parler, mais qui ne sont pas tout à fait rondes. En les regardant au microscope, on apercevra le noyau de la tache formé par le grain de poussière.

« 12. *Les taches noires*, provenant du contact des doigts, sont dues à ce que la plaque a été touchée, pendant ou avant le développement, par des doigts auxquels adhère une trace d'hyposulfite.

« 13. *Les ondes, les stries et les espèces de nuages* (*fig. 3*) sont, pour le fabricant d'émulsion, une véritable calamité. Elles peuvent avoir différentes causes : par exemple, si l'on étend l'émulsion sur les plaques au moyen d'une baguette de verre qui est froide, ou bien au moyen d'un blaireau sur lequel il y a encore un restant d'émulsion à moitié coagulée (ceci se produit plus rarement lorsqu'on fait des glaces à la main); ou bien encore, lorsque des parties d'émulsion sont mal mélangées ou mal étendues.

« Lorsqu'il y a une grande différence de température entre les plaques et l'émulsion, ces ondes se produisent très aisément, de même que si l'on s'est servi de gélatine dure qui fait prise très rapidement, tandis que, avec de la gélatine tendre, elles

Fig. 3.

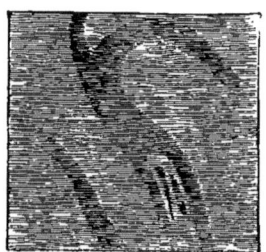

se forment plus difficilement. L'émulsion préparée par l'ébullition est moins sujette à ce défaut que l'émulsion à l'oxyde d'argent ammoniacal.

« Mais presque toujours la cause en est due à une mauvaise proportion entre le bromure d'argent, la gélatine et l'eau. Lorsque la gélatine et le bromure sont en proportions égales, et qu'il y a peu d'eau, ces ondes se produisent presque toujours; c'est le contraire, lorsqu'il y a une proportion de gélatine deux fois aussi forte et une quantité suffisante d'eau, et surtout lorsqu'on a ajouté une certaine proportion de gélatine tendre. La proportion indiquée par l'auteur convient parfaitement.

« En outre, on peut prendre la précaution de chauffer l'émulsion pendant dix minutes avant de l'employer, dans le but d'arriver à un mélange parfait.

« Il se produit des taches nuageuses lorsqu'on verse de l'ammoniaque dans le révélateur au pyro, si l'on n'a pas le soin de faire le mélange en dehors de la cuvette. Partout où l'on a laissé couler l'ammoniaque, il se produit des taches brillantes à la lumière réfléchie, mais qui sont peu visibles à la lumière transmise.

« 14. *La plaque a l'aspect d'un nid d'abeilles,* même avant le développement (*fig.* 4); cela pro-

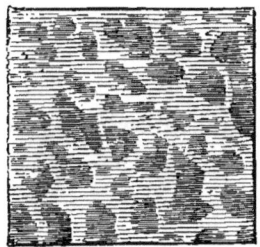

Fig. 4.

vient de ce que l'émulsion contient trop d'alcool, soit que l'on ait ajouté trop d'alcool, soit que l'émulsion ait été conservée trop longtemps sous l'alcool.

« 15. *Des lignes inégales et en zigzag et des taches à contours définis* se produisent quand il y a trop peu de révélateur dans la cuvette et que celui-ci ne couvre pas immédiatement toute la plaque. Lorsqu'on a le soin de laisser tremper les plaques pendant quelques minutes dans l'eau avant de les développer, on arrive à employer moins de révélateur, tout en évitant ces lignes.

« 16. *L'image paraît faible, sans vigueur*. Cela résulte d'ordinaire d'une pose trop prolongée. Lorsqu'on force le développement en augmentant la proportion d'ammoniaque, ou que l'on diminue trop celle du bromure de potassium, l'image apparaît très rapidement, mais ne donne jamais d'intensité ni de richesse dans les contrastes; au contraire, elle manque de vigueur.

« *Remède* le plus certain : augmenter la proportion de bromure dans le révélateur. Les émulsions ultra-sensibles ont une plus grande tendance à donner faible (mais dans le cas seulement d'un développement mal conduit) que les plaques moins sensibles; on peut remédier à ce manque de vigueur dans les négatifs surexposés et, par conséquent, peu intenses. Les négatifs fixés doivent d'abord être lavés, puis plongés dans une solution de bichlorure ou d'iodure de mercure; ils sont ensuite passés dans une solution très diluée de cyanure de potassium. On surveille soigneusement l'image; avant que les ombres ne soient suffisamment transparentes, on retire la plaque du bain pour la plonger ensuite dans de l'eau, où le restant de cyanure de potassium, contenu dans la couche, contribue à l'éclaircissement du négatif. Si l'on trouve que l'image manque encore de vigueur (ce qui n'est pas souvent le cas), on renforcera à nouveau par la méthode ordinaire (¹) (au bichlorure de mercure par exemple).

« 17. *L'image paraît harmonieuse mais trop faible.* Ce défaut provient presque toujours :

a) D'un développement trop peu prolongé ou de l'emploi d'un révélateur trop faible. On y remédie toujours par un développement prolongé ou par l'emploi d'un révélateur plus concentré, même dans le cas où l'émulsion donnerait faible. Ce phénomène se produit souvent, lorsque l'émulsion contient de l'iodure d'argent ou bien lorsqu'elle a été bouillie pendant un temps trop court. — *Remède :* faire digérer à nouveau l'émulsion en présence de l'ammoniaque.

b) Ce défaut se montre toujours au plus haut degré et devient irrémédiable, lorsque les plaques sont recouvertes d'une trop petite quantité d'émulsion, de sorte que la couche n'est pas opaque.

c) Ce défaut se produit, mais plus faiblement, si l'émulsion contient beaucoup de gélatine et peu de bromure d'argent.

« 18. *L'image est dure, vitreuse, manque de détails dans les ombres.* Cela provient :

(¹) STOLZE, *Woch. Blatt*, 1882, p. 6.

a) D'une exposition trop courte et d'un manque de proportions dans le révélateur, pour arriver à corriger ce manque de pose. Lorsqu'on emploie le révélateur à l'oxalate ferreux, ce défaut est plus difficile à éviter ; ce qu'il y a de mieux à faire, c'est de supprimer totalement le bromure de potassium et d'ajouter au révélateur quelques gouttes d'hyposulfite sodique (1 : 200). Il vaut mieux, dans tous les cas, donner un léger excès de pose que d'avoir un manque d'exposition.

b) Très souvent, pour éviter le voile, on ajoute au révélateur une trop forte proportion de bromure de potassium. Dans ce cas, les détails dans les ombres ne se développent pas et le révélateur donne dur. Il faut alors rejeter le révélateur et en employer un qui contienne peu ou point de bromure.

c) La cause peut en être attribuée à l'émulsion elle-même, qui peut avoir été mal lavée et contenir encore beaucoup de bromure soluble, ou bien encore n'avoir pas été dirigée pendant assez longtemps et contenir, par conséquent, la modification peu sensible du bromure d'argent. Dans ce cas, les plaques nécessitent un révélateur alcalin très énergique et conviennent peu au développement à l'oxalate ferreux.

« 19. *Le négatif a beaucoup de détails, mais il est trop dense et trop intense.*

« Cela arrive souvent lorsque le développement a

été poussé trop loin. Il faut naturellement, pour y remédier, développer moins longtemps.

« Avec le révélateur alcalin, on obtient quelquefois trop d'intensité parce qu'on a employé trop d'acide pyrogallique ; il faut donc diminuer la proportion de ce dernier, ou bien encore, employer moins de bromure de potassium et un révélateur moins concentré.

« Avec l'oxalate ferreux, on obtiendra des clichés moins denses, en ajoutant de l'eau au révélateur, en diminuant la proportion de bromure, ou en ajoutant de l'hyposulfite.

« Pour diminuer l'intensité des négatifs, *voir* EDER, Chap. LIV.

« L'addition d'iodure d'argent à l'émulsion contribue à diminuer l'intensité ; la digestion à l'ammoniaque produit l'effet contraire.

« 20. *Les négatifs ont un grain grossier*, qui est visible même à l'œil nu, aussi bien avant qu'après le fixage. Il y a plusieurs causes à ce défaut : l'emploi de solutions de nitrate d'argent trop concentrées, dans la préparation de l'émulsion ; une digestion trop prolongée, une trop forte proportion d'ammoniaque, un manque de gélatine dans la préparation de l'émulsion ; ce qui est cause que le grain du bromure d'argent est trop gros. De même, l'émulsion a un grain trop fort, lorsqu'on veut mélanger à l'émulsion le dépôt qui s'est formé au fond du vase pendant la coction. Il n'y a rien à faire pour remédier à une émulsion qui est dans ce cas particulier.

« 21. *Les grands clairs du négatif sont entourés d'un halo ou cercle lumineux.* Si l'on fait abstraction des défauts de construction de l'objectif, cet insuccès provient principalement :

a) De la réflexion de la lumière produite par la plaque de verre (surtout à l'envers de celle-ci). C'est surtout dans les plaques recouvertes d'une couche très mince d'émulsion que l'on constate le plus souvent ces halos. Il faut donc que les plaques soient suffisamment opaques; ou bien encore, il faut revêtir le dos des plaques d'une couche de couleur foncée, que l'on enlève avant de développer, ou bien d'une couche de collodion coloré avec de la coraline; on peut encore, d'après Burgess, éviter le halo en se servant de plaques dont l'envers est dépoli. On a également proposé de colorer l'émulsion au moyen d'une matière colorante, pour empêcher une pénétration trop profonde des rayons lumineux et, par conséquent, éviter le halo. Mais cela paraît peu pratique, parce que la sensibilité de l'émulsion est toujours diminuée dans ce procédé.

b) Une autre cause de ce halo, même avec des plaques suffisamment opaques, est due à la dispersion de la lumière, par le miroitement de la surface même de la couche sensible, de telle façon que les parties fortement éclairées des objets sont entourées d'un halo. L'auteur ne connaît pas de remède infaillible à cet insuccès; cependant, les plaques dont la surface est mate y sont moins sujettes. Ce qui réussit le mieux, c'est d'ajouter à l'émulsion au bromure un peu d'iodure d'argent, dont la couleur jaune non actinique a une influence favorable.

« 22. *Pendant le développement, le négatif se renverse et se transforme en positif.* Ce phénomène de solarisation se produit, la plupart du temps, par suite d'un excès de pose. Souvent, dans les paysages, il n'y a que le ciel et les objets fortement éclairés qui se solarisent. Il faut naturellement, pour remédier à la solarisation, donner moins de pose.

« Même avec des plaques qui sont certainement surexposées et qui se solariseraient avec un révélateur normal, on peut quelquefois éviter ce défaut, en développant avec un révélateur très faible qu'on laisse agir pendant très peu de temps. Par exemple, on peut sauver des négatifs surexposés, qui auraient été certainement perdus, si, au lieu d'employer du révélateur ordinaire à l'oxalate, on se sert de révélateur au citro-oxalate, surtout si l'on a le soin de prendre beaucoup de citrate, en proportion même plus forte que celle indiquée dans la formule d'Abney (Eder, page 150).

« Très souvent aussi, certaines plaques à l'émulsion se solarisent même après une exposition relativement courte. Ce phénomène doit être attribué à ce que les plaques ont subi, avant l'exposition, l'action de la dispersion de la lumière actinique.

« En développant à l'oxalate ferreux, si l'on ajoute une trop grande proportion d'hyposulfite sodique, il se produit également alors un renversement du négatif. Il est également très nuisible de nettoyer ou de polir les plaques avec un chiffon qui a été souillé par l'hyposulfite sodique.

« Les plaques au gélatino-iodo-bromure ont moins de tendance à se solariser que celles au gélatinobromure.

« 23. *Détachement de la couche du verre, formation de bulles et d'ampoules, extension de la couche de gélatine au delà des bords de la plaque, formation de plis, contraction et distorsion de l'image négative.* Cet accident se produisait très souvent autrefois, mais se présente bien plus rarement maintenant, parce que l'on fabrique des gélatines spéciales et dures. Cela provient : *a)* de l'emploi d'une gélatine trop tendre, qui ne donne pas une pellicule assez résistante et qui absorbe trop d'eau ; avec des gélatines dures, cela n'arrive jamais. Cet accident provient encore d'une digestion trop longue et d'un commencement de décomposition. Souvent, on ne s'aperçoit pas qu'une émulsion à la gélatine, qui est encore très ferme, a subi un commencement de décomposition, et on ne le constate qu'après le fixage, parce que la couche se détache du verre.

De même, cela peut provenir d'un séchage inégal de la couche d'émulsion, en voie de décomposition. Il se forme des plis près des parties qui ont séché en dernier lieu.

« Les bulles et le *frilling* n'apparaissent généralement qu'après le fixage et le lavage, alors même que, dans les manipulations précédentes, rien ne faisait prévoir cet accident. Très souvent, cependant, la cause du *frilling* est due :

b) Au révélateur lui-même. On le remarque surtout dans le révélateur alcalin, lorsqu'il y a trop d'ammoniaque.

c) A la température trop élevée du révélateur ou des eaux de lavage.

d) A l'emploi d'un bain de fixage trop concentré : il se produit des ampoules et du *frilling*.

« Les plaques, dont la couche se détache du verre, doivent être rejetées ; lorsque le photographe constatera ce défaut, il fera bien de condamner ces plaques, quoiqu'on puisse obvier au *frilling* en ajoutant un peu d'alun à l'émulsion ou un peu de tannin.

« Voici ce que l'on peut faire pour remédier au détachement de la couche :

« On peut recouvrir la plaque d'un substratum de gélatine additionnée d'alun de chrôme.

« On peut tanner les plaques préparées. Dans la plupart des cas, on fait cette opération après le développement et avant le fixage.

« Mais, dans les cas difficiles, on tanne les plaques

avant de les développer, ainsi qu'après les avoir fixées, c'est-à-dire qu'on lave superficiellement le fixateur, et qu'on met la plaque dans la solution. On ne la lave à fond qu'après cette opération. On se sert généralement d'une solution saturée à froid d'alun ou d'alun de chrôme, qu'on laisse agir pendant quelques minutes, mais c'est l'alun dont on se sert généralement. On arrive au même résultat avec le tannin. Brightman a préconisé l'emploi d'un bain de tannin avant le développement. William employait : 14 parties tannin, 18 parties alun, 48 parties glycérine, et 384 parties eau. On s'est également servi d'une solution de sulfate magnésique ou sel d'Angleterre (1 : 12), mais on n'en a pas toujours reconnu l'efficacité.

« Lorsque le *frilling* est peu accentué, la couche ne forme des ampoules que dans de certaines plaques. Les éraillures sur les bords de la plaque sont la cause du détachement de plus grandes parties de la couche. En pareil cas, on pourra frotter les bords avec du suif, ou les enduire de vernis à négatifs.

« D'après Chardon, il suffit souvent de tremper les plaques dans de l'alcool avant le développement, puis de les laisser gonfler dans de l'eau additionnée d'alcool, et de développer ensuite ; après cela, on lave légèrement, puis on met la plaque dans une solution d'alun à 5 pour 100. On lave, puis on fixe. Par le bain d'alcool, on fait disparaître de très

CHAPITRE CINQUIÈME. 69

fortes ampoules ainsi que les plis. Si l'on veut éviter les taches, à la suite de ce traitement, il faut bien prendre soin que les plaques soient, tout au moins à la surface, bien débarrassées de sels insolubles dans l'alcool, comme, par exemple, l'hyposulfite sodique et l'oxalate ferreux.

« Si la couche a une trop grande tendance à se détacher, tous les bains que nous avons énumérés ne servent à rien. On peut, comme dernière ressource, recouvrir la plaque d'une couche de collodion normal, ce qu'a recommandé Abney.

« Immédiatement avant le développement, on verse sur la plaque du collodion normal à 1/2 pour 100 ; aussitôt qu'il a fait prise, on lave jusqu'à la disparition complète d'apparence graisseuse (on ne doit pas laisser sécher complètement la couche, car alors le révélateur serait sans action). Toutes les manipulations, telles que le développement, le fixage, se font à travers la couche de collodion, et cela sans danger d'accidents. Si, dans les derniers lavages, la couche semble se plisser un peu, elle reprend son uniformité lorsque la plaque a séché. La pellicule de collodion forme alors un vernis brillant. Pour le renforcement, il faut, au préalable, tremper la plaque dans un mélange d'éther et d'alcool, puis la laver.

« L'auteur, par expérience personnelle, peut recommander ce procédé, qui a été expérimenté déjà par Lorent et autres.

« 24. *Le négatif se fixe très lentement et très difficilement*. Nous avons déjà parlé de ce défaut dans le chapitre qui traite du fixage (Eder, Chap. L).

« 25. *Insuccès pendant le renforcement à l'argent* Le voile rouge se produit facilement, lorsqu'on n'a pas recouvert assez rapidement la plaque, ou que le renforçateur a agi trop longtemps; de même, lorsque les dernières traces d'hyposulfite n'ont pas été soigneusement éliminées, ou bien que l'on a ajouté trop peu d'acide au renforçateur. On peut souvent faire disparaître le voile rouge au moyen d'acide chlorhydrique dilué (1 à 2 pour 100), ou bien d'une solution concentrée de chlorure sodique.

« Si le renforçateur contient trop d'acide citrique, il arrive souvent que la gélatine de la pellicule se dissout en partie.

« 26. *Insuccès pendant le renforcement aux sels de mercure*. Dans tous ces procédés de renforcement, à l'exception de celui d'Edwards, voici les causes de ces insuccès :

a) Des traces d'hyposulfite sodique, qui brunit les sels de mercure (précipitation de sulfure de mercure). Les plaques se voilent fortement. *Remède:* élimination complète de l'hyposulfite par le lavage, avant et après le traitement au mercure. Il est difficile de remédier à des taches dans les négatifs. D'après Kuntzmuller, on réussit mieux avec la solution de chlorure d'or.

b) Si l'on n'enlève pas complètement, par le

lavage, les dernières traces de la solution de mercure, avant de traiter le négatif à l'ammoniaque ou à l'hyposulfite, il se forme un voile brun très foncé et très intense.

c) Il se forme presque toujours un voile gris, lorsque le négatif était déjà voilé avant le renforcement.

d) Lorsqu'on n'a pas suffisamment lavé après le bain de chlorure de mercure et avant le traitement

Fig. 5.

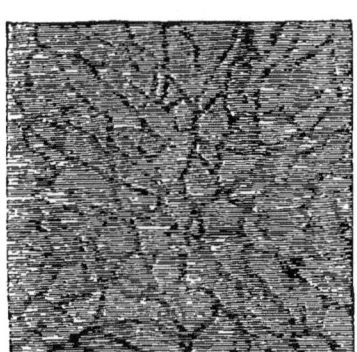

à l'ammoniaque ou au cyanure, on rencontre des taches de la forme représentée *fig*. 5.

« 27. *Insuccès pendant le renforcement aux sels d'urane*. Lorsqu'on n'a pas soigneusement éliminé l'hyposulfite, la couche devient rousse. S'il y a encore des traces de révélateur ferreux, il se produit une coloration bleue.

« 28. *Les plaques fixées foncent en couleur*. C'est un accident qu'il faut presque toujours attribuer :

a) Au renforcement. Certaines méthodes de renforcement ont cet inconvénient : par exemple, le renforcement à l'iodure de mercure. Dans le procédé à l'argent, cela se présente également si l'on a négligé de fixer encore une fois après renforcement. On peut essayer d'enlever le vernis des plaques et de faire descendre les négatifs.

b) Les plaques à la gélatine prennent une teinte jaune-brun, lorsqu'on les donne à l'impression sans être vernies. Le nitrate du papier à l'albumine pénètre dans la couche de gélatine, qu'il colore en brun. Les taches d'argent sur les plaques non vernies ne peuvent s'enlever sans risquer de gâter le négatif. On peut essayer d'une solution de cyanure de potassium, ou bien traiter d'abord à l'iode dissous dans l'iodure de potassium, puis au cyanure de potassium.

« Il arrive souvent qu'il se produit des taches d'argent sur les négatifs recouverts d'une couche de collodion ; on peut enlever ce dernier au moyen d'un mélange d'alcool et d'éther. On vernit à nouveau avec du vernis à négatif.

« 29. *Les plaques ont une apparence laiteuse après le vernissage.* Cela provient de ce qu'on n'a pas laissé suffisamment sécher les plaques avant de les vernir.

« 30. *La décoloration des plaques vernies* se produit lorsque le renforcement ne résiste pas à l'action de la lumière. Les négatifs traités par le procédé d'Edwards ou d'England sont sujets à cet accident.

Il faut enlever le vernis des négatifs qu'on renforce ensuite à nouveau. Dans ce cas, le procédé à l'iodure de mercure et à l'ammoniaque convient parfaitement.

31. *Rupture du négatif sur verre dans le châssis-presse.* Cet accident arrive assez fréquemment par suite de la mauvaise qualité de verre qu'emploient certains fabricants de plaques sensibles. Quand on a affaire à de pareils verres, on doit éviter de les soumettre dans le châssis-presse à une trop forte pression; on diminue d'épaisseur le coussin de papier, et l'on choisit même ceux des châssis-presses dont les ressorts ont la moindre énergie.

Quand l'accident en question se produit, il peut, dans bien des cas, y avoir moyen de sauver encore le négatif.

1° *Si le cliché n'est pas verni*, on le recouvre avec précaution de collodion normal en le laissant porter sur la glace du châssis-presse, pour éviter la cassure de la gélatine; il va sans dire qu'il n'y aurait plus qu'un remède très difficile à apporter au mal, si la gélatine elle-même était brisée; mais, le plus généralement, elle est intacte, tandis que le verre est brisé.

Le négatif une fois collodionné, et dès que la couche de collodion est absolument sèche, on sépare les deux fragments de verre en repliant la plaque cassée doucement sur la cassure elle-même.

On exerce une traction sur l'un des fragments, tandis qu'on tient l'autre immobile, et l'on voit la pellicule abandonner le verre ; on en fait ensuite autant pour l'autre partie.

Évidemment, on est exposé à ne pas réussir toujours dans ce sauvetage assez délicat à opérer ; mais, le cliché étant déjà très compromis, on ne risque plus grand'chose à tenter de le sauver.

2° Si le cliché est déjà verni au collodion, on opère de même sans avoir à collodionner de nouveau.

3° Si le cliché est verni avec du vernis à la gomme laque ou au benjoin, on doit le poser avec précaution sur un verre un peu plus grand en le faisant glisser de la glace du châssis sur ce verre sans chute ni choc. On le porte ainsi dans une cuvette où l'on verse de l'alcool pour le dévernir, après quoi l'on collodionne et l'on opère comme ci-dessus.

Si on laissait la couche de vernis, on risquerait de le voir se briser lorsqu'on voudrait séparer la pellicule des fragments de verre, ou donner lieu tout au moins à une raie très visible par transparence.

32. *La couche de gélatine se soulève sur la plaque de verre*, soit au moment de son immersion dans le fixateur, soit au cours des lavages.

En pareil cas, il faut tenter d'éviter le renouvellement de ce fait en soumettant la plaque à un bain d'alun à saturation après qu'on a terminé

CHAPITRE CINQUIÈME.

le développement, et même convient-il de débuter par cette opération, sauf à développer après.

Quand le fait se produit, il faut se garder de sacrifier l'épreuve. On laisse au contraire le soulèvement s'opérer partout, on y aide même à l'aide d'un pinceau très doux pour faciliter sur certains points la séparation de la pellicule d'avec le verre, en poussant avec précaution et par-dessus la couche de gélatine.

Quand elle a quitté complètement le verre, elle flotte dans le liquide, et, pour peu qu'on s'y prenne avec adresse, on lui fait subir toutes les opérations complémentaires du fixage, lavage, alunage, etc. Enfin, quand les derniers lavages ont eu lieu, on l'enlève de l'eau à l'aide d'un verre bien propre qu'on a engagé dans la cuvette sous la pellicule. On sort le verre en y retenant le négatif à la place qu'il doit y occuper ; on laisse bien égoutter, puis on éponge au buvard avec une friction douce de a main ou d'une racle en caoutchouc.

Enfin, on retient les quatre côtés sur le verre avec des bandes de papier gommé. Le négatif se sèche dans un état de parfaite planité, et on l'a sauvé ainsi, mais avec cette modification, que l'épreuve résultant de ce sauvetage est notablement plus grande que le négatif original, la gélatine s'étant distendue dans tous les sens mais fort régulièrement dans l'eau où elle n'est plus maintenue par son support rigide.

CHAPITRE VI.

Photographie instantanée.

La grande sensibilité des couches de gélatine bromurée a favorisé considérablement les essais de photographie instantanée. Aussi a-t-on vu apparaître un très grand nombre d'obturateurs rapides, sans compter ceux qu'on ne cesse d'inventer chaque jour. Les meilleurs de ces appareils exécutés jusqu'à ce moment ont été décrits par nous dans un chapitre spécial, nous n'aurons donc pas à y revenir ; nous avons seulement à compléter ici ce qui a été dit dans le chapitre précédent relativement à la durée du temps de pose.

Cette durée peut être calculée pour les expositions dites instantanées, si rapides qu'elles soient, de même qu'elle est précisée à une approximation très grande pour des durées de secondes, de minutes et d'heures.

Le calcul peut sans doute indiquer des durées qui ne dépasseront pas des fractions de seconde si petites soient-elles ; mais, ce qui fait défaut, c'est l'existence d'un obturateur à durées variables et avec lequel on puisse réaliser l'indication fournie par le calcul. On saura bien, par exemple, que, dans telles et telles conditions, il suffira de poser $\frac{1}{200}$ de seconde ou $\frac{3}{200}$, mais on ne pourra user d'un obturateur donnant exactement cette durée de pose.

L'obturateur chronométrique de M. Paul Boca permet bien de faire varier à volonté les durées de pose jusqu'à $\frac{1}{50}$ de seconde, mais pas au-dessous de cette durée. Quant aux autres obturateurs, il n'en est point encore qui soit construit de façon à produire très exactement des durées variables à volonté pour des fractions de seconde égales à des centièmes.

Il faut donc se contenter d'à-peu-près, agir par essais ou tâtonnements successifs, pour savoir que la roue à rochet du ressort tendeur étant amenée à tel cran, on a une vitesse suffisante pour reproduire un objet en mouvement transversal rapide, à telle distance approximativement déterminée.

Nous dirons en principe que la vitesse de $\frac{1}{50}$ de seconde n'est suffisante que pour des objets animés d'un mouvement transversal rapide à environ cinquante mètres de l'objectif et au delà.

Si l'on doit reproduire ces mêmes objets en mouvement à une distance moindre, il faudra nécessairement augmenter la rapidité du fonctionnement de l'obturateur; à 25ᵐ de distance et au delà jusqu'à 50ᵐ, elle devra être d'un cent cinquantième de seconde; à 10ᵐ et au delà jusqu'à 25ᵐ, d'un trois centième.

L'opérateur muni d'un bon obturateur quel qu'il soit, de celui de M. Français, pour en citer un, aura peu de peine à en régler les vitesses pour les trois distances que nous venons d'indiquer. Il le fait expérimentalement en marquant d'un trait ou d'un chiffre chacun des crans de la roue de tension correspondant aux vitesses reconnues convenables.

Mieux vaudrait certainement trouver des obturateurs tout gradués et où chaque numéro de la roue correspondrait à une vitesse mesurée d'avance. Il est probable que les constructeurs d'obturateurs finiront par se décider à compléter de la sorte ces appareils, avec lesquels on est réduit jusqu'ici à opérer un peu trop au hasard.

Étant donné l'obturateur convenablement disposé, il reste, pour exécuter des négatifs instantanés, à employer des couches aussi sensibles que possible et des objectifs à ouverture très grande et à foyer très court.

Il y a un moyen, quelle que soit la sensibilité des plaques à la gélatine dont on dispose, d'accroître leur sensibilité jusqu'au quadruple. C'est celui qu'ont indiqué M. Ducos du Hauron et d'autres chercheurs; il consiste dans l'immersion des plaques dans le bain suivant :

CHAPITRE SIXIÈME. 79

Eau distillée.	1^{lit}
Nitrate d'argent	10^{gr}
Acétate d'ammoniaque liquide. . .	0 ,5

Cette immersion dure une minute, puis on plonge les plaques verticalement dans une cuvette pleine d'eau distillée ou d'eau de pluie ; on les y laisse quelque temps, afin qu'elles s'y dépouillent complètement de leur nitrate et de leur acétate d'argent ; sans cette complète élimination, leur conservation serait impossible. On les abandonne ensuite à dessiccation dans une obscurité absolue.

Les plaques ainsi traitées, dit M. Ducos du Hauron, sont exemptes de cette mollesse qu'on reproche, en général, aux plaques extra-rapides.

Ces plaques renitratées, mais bien lavées, ainsi qu'il vient d'être dit, conservent très longtemps leur propriété nouvelle consistant dans une sensibilité environ quatre fois plus grande que celle qu'elles possédaient antérieurement.

On fait des objectifs dits extra-rapides et qui conviennent spécialement aux instantanéités. Mais un amateur de photographie ne saurait emporter avec lui en voyage toute une collection d'objectifs de tout genre. Une trousse du genre de celle de M. Français lui suffit absolument, ou bien il peut employer un objectif aplanétique quelconque en y mettant le plus grand diaphragme qu'il est susceptible de recevoir.

S'il use de l'objectif rectilinéaire à foyers multiples de M. Français, il pourra, pour obtenir un résultat identique à peu près, quant à la durée de l'impression, se servir, soit de la combinaison 2 antérieure et 3 postérieure d'un foyer de $0^m,36$ avec le diaphragme n° 1, soit de la combinaison 3 antérieure et 4 postérieure d'un foyer plus court, $0^m,25$, mais ne pouvant s'employer qu'avec le diaphragme plus petit, le n° 4.

Le développement a aussi une influence importante sur le résultat d'une pose instantanée ; nous avons dit, en nous occupant du développateur, que l'addition à la liqueur révélatrice de quelques traces d'hyposulfite de soude permet de faire apparaître des détails qui ne sortiraient pas si l'on emploie le développateur à l'oxalate de fer sans cette addition ; c'est là un moyen qu'il ne faudra pas négliger.

M. Lugardon, artiste peintre de Genève, qui a produit des instantanéités fort remarquables, préconise l'emploi de la formule de Wilde, qui consiste dans l'addition au développateur de quelques gouttes d'eau iodée. Ce produit permettrait de prolonger plus longtemps le développement sans courir le risque d'une trop prompte peroxydation du bain d'oxalate ferreux, et les demi-teintes dans les ombres finiraient par apparaître. Nous avons essayé cette formule, mais sans remarquer qu'elle conduisît à de meilleurs résultats que ceux qu'on obtient par l'addition d'un peu d'hyposulfite de soude.

CHAPITRE SIXIÈME.

On prend une partie d'iode qu'on dissout dans 200 parties d'alcool, et, après dissolution, on ajoute 200 parties d'eau.

On ajoute ensuite 5 à 10 gouttes de cette teinture par 50^{cc} de développateur à l'oxalate ferreux.

Les négatifs obtenus en employant cette formule auraient le caractère de ceux au collodion humide. Pour un même temps de pose, on obtient avec ce développateur plus de détails dans les demi-teintes que si l'on use de l'oxalate ferreux ordinaire.

Voici comment s'exprime M. Goudman dans un intéressant travail publié dans le *Bulletin de l'Association belge de photographie :*

« La possibilité de fixer *instantanément* le portrait fidèle de toutes les phases d'un événement quelconque éclairé par la lumière du jour, a poussé à bien des recherches qui tendent toutes à obtenir ce portrait avec la plus grande perfection possible. Depuis longtemps déjà, de superbes résultats ont été obtenus, et notamment dans les épreuves stéréoscopiques ; mais ce que j'ai rencontré rarement, pour ne pas dire que je n'ai jamais rencontré, — il est vrai que je n'ai pas la prétention d'avoir tout vu, — c'est une photographie instantanée satisfaisant aux conditions suivantes, qui me semblent essentielles. Il faut en premier lieu que les objets soient assez grands sur l'image pour qu'on y puisse bien distinguer les détails et les reconnaître ; en second lieu, il faut que le point de distance du petit tableau soit normal, c'est-à-dire qu'il soit de $0^m,25$ environ, ce qui, en *théorie perspective*, veut dire que l'image, pour faire illusion, doit être regardée à une distance de $0^m,25$ environ de l'œil, ce qui représente la moyenne distance à laquelle on regarde généralement une planche imprimée, à moins qu'on ne soit ou presbyte ou myope. Il est bon d'ajouter en passant que, pour augmenter encore l'illusion, on doit toujours fermer un œil et préserver l'autre autant que possible de la lumière diffuse, fût-ce en regardant à travers la main fermée en entonnoir. La troisième condition que je trouve nécessaire, est que l'épreuve ait au moins la dimension photographique la plus usuelle, soit 13×18^{cm}, et que la netteté soit parfaite jusque dans les coins. Enfin, quatrièmement, il faut que le cliché soit fait en un temps de pose le plus court possible.

« Ayant ainsi déterminé les résultats à obtenir, je me suis mis à la recherche des moyens pour les atteindre, par le raisonnement d'abord, et par l'expérience ensuite.

« La première question que je me suis posée était celle de savoir à quelle distance on doit se placer du tableau vivant qu'on veut reproduire, pour obtenir un ensemble satisfaisant et réunissant toutes ces conditions; car il est certain que toute l'harmonie d'un ensemble quelconque dépend exclusivement de l'endroit duquel vous le regardez. Si vous vous mettez trop près, vous ne voyez qu'un coin de votre sujet et les avant-plans prennent des proportions gigantesques; et c'est bien heureux qu'il en soit ainsi, car la photographie instantanée à courte distance est sinon impossible, du moins extrêmement peu pratique; ici tout lui est contraire : elle nécessiterait l'emploi d'un objectif grand-angulaire pour permettre d'embrasser tout le tableau; et, vu le grand écart entre les diverses places, on n'obtiendrait pas de netteté dans la profondeur; de plus, le foyer de l'objectif étant très court, le point de distance serait trop rapproché aussi, et la perspective serait fausse, excepté pour un myope, qui aurait la faculté de regarder l'image de très près; il y aurait aussi manque de lumière ou de pose, les diaphragmes étant très petits; enfin, le mouvement des corps étant beaucoup plus sensible de près que de loin, tout aurait bougé, malgré l'instantanéité de la pose pendant l'admission de la lumière dans la chambre obscure.

« D'un autre côté, il ne faut pas non plus se placer trop loin du théâtre où se déroule la scène qu'on veut fixer sur la plaque sensible, sinon elle occupera une place trop restreinte dans le champ du tableau, dont elle ne sera plus qu'un accessoire, sans compter que tous les détails seront complètement perdus.

« On voit donc qu'il faut ici, comme en toutes choses, garder un juste milieu ; soit en chiffres, qu'il faut se placer à une distance variant entre 50^m et 100^m ; et c'est ici que la chance vient vraiment nous seconder, car cette distance est précisément celle à laquelle se trouve généralement le spectateur qui occupe la plus vulgaire croisée d'un premier étage, pour voir défiler un cortège, ou assister à une fête publique ou à une solennité quelconque.

« Hé bien ! donc, spectateur, ne vous dérangez pas, devenez photographe, vous êtes si bien installé... à moins que vous n'ayez le soleil dans les yeux.

« Pour réunir les deux premières conditions que je veux rencontrer dans une bonne photographie instantanée, il suffit d'avoir un objectif ayant une longueur focale d'environ $0^m,25$; car, d'un côté, cette longueur permet d'obtenir des images dont les dimensions ne soient pas en disproportion avec le cadre 13×18^{cm} dans lequel elles se meuvent, et, d'un autre côté, la longueur focale de l'objectif correspondant au point de distance de l'épreuve, je pourrai tenir celle-ci à une distance normale de mon œil. Et qu'on me permette ici une parenthèse : pour bien regarder et par conséquent pour bien voir une image photographiée, il faut connaître la distance focale de l'objectif qui l'a produite et placer l'œil à cette distance, sinon adieu l'illusion.

J'ai souvent entendu calomnier la photographie, cette copiste si fidèle, qu'on accusait à tort de déformer la perspective; que de fois n'ai-je entendu dire d'un portrait : « Quelles mains énormes! » ou d'un groupe : « Les premiers sont des géants, et les derniers sont des nains! » Erreur profonde, monsieur le spectateur! regardez-y donc de plus près, mettez-vous bien au point de distance, ou interposez une loupe, ce qui vous permet de vous éloigner, puisque vous amplifiez toutes les proportions de l'image, et l'illusion sera complète. Ce n'est point la photographie qui est en défaut, mais bien le spectateur qui ne sait pas la regarder. La photographie ne ment jamais, pas plus qu'un miroir plan, et si sur certaines épreuves vous voyez des tours ou des cheminées qui s'embrassent, accusez l'opérateur qui n'a pas su se servir de l'instrument.

« Pour remplir une troisième condition, c'est-à-dire pour obtenir une épreuve ayant 13×18^{cm}, je dois nécessairement faire usage d'un objectif couvrant au moins la plaque entière, soit 18×24^{cm}. Sinon il y aura impossibilité absolue d'avoir de la netteté jusque sur les bords de l'image, puisque l'usage des petits diaphragmes m'est interdit à cause de la grande quantité de lumière dont j'ai besoin.

« Enfin, pour arriver à remplir la quatrième condition et obtenir un cliché vraiment instantané, il faut d'abord employer un objectif le plus clair possible, c'est-à-dire ayant des lentilles bien blanches et une grande ouverture; il faut ensuite faire usage d'un obturateur mécanique ne donnant qu'un temps de pose extrêmement court; il faut enfin utiliser le procédé le plus rapide connu, c'est-à-dire le gélatinobromure avec le développement à l'acide pyrogallique après avoir traité la plaque par l'ammoniaque, ou bien avec le développement à l'oxalate et au fer, additionné d'un peu d'hyposulfite vers la fin du développement.

« Parlons de l'obturateur. J'en ai vu peu qui soient simples, j'en ai vu de très ingénieux, j'en ai vu de très compliqués, j'en ai vu de superbes; mais tout cela m'a semblé extrêmement peu pratique et point du tout raisonné, et de plus tous ces petits joujoux coûtaient horriblement cher, ce qui n'était certes pas le moindre de leurs défauts. Raisonnons un peu, puisque messieurs les inventeurs ont omis ce détail, et nous ne manquerons pas d'arriver à un résultat pratique. D'abord, puisque nous voulons faire des instantanés, nous sommes obligés de donner la pose *la plus courte possible;* dès lors nous pouvons rejeter tous les systèmes d'obturateurs à durée d'ouverture variable, qui nous conduiraient à prolonger la pose quand il y aurait manque de lumière. J'aime mieux dans ce cas ne pas travailler du tout, car, si vous voulez bien faire une chose, n'essayez jamais l'impossible, et vous vous en trouverez bien.

« Mais il ne suffit pas que la pose soit courte, il faut encore que toutes les parties de l'ouverture soient découvertes pendant un temps *également* long, ou, pour m'exprimer plus correctement, pendant un temps *également* court, et c'est ici que presque tous les inventeurs sont en défaut. Aussi rejetons-nous *à priori* tous les obturateurs qui s'ouvrent par le milieu et fonctionnent latéralement pour se refermer au milieu, ainsi que tous ceux qui s'ouvrent par le centre vers toute la circonférence pour se refermer inversement ; car ces obturateurs donnent plus d'éclairage sur le milieu du cliché que sur les bords, et l'épreuve est noire de chaque côté, ou bien est entourée d'une auréole sombre suivant que l'obturateur s'est ouvert par le milieu ou par le centre.

« Un seul système donne cet éclairage égal partout, dont nous avons besoin ; c'est le plus primitif, le plus simple et le moins coûteux, car vous pouvez le fabriquer vous-même : il suffit, pour le faire, d'avoir une petite scie à découper de six sous, une boîte à cigares vide, et quelques petits clous. Vous avez déjà compris sans doute que je parle du modeste obturateur à guillotine. Mais encore l'obturateur à guillotine, pour être bon, doit-il remplir certaines conditions : il doit, en un mot, être un instrument perfectionné. Pour donner un éclairage uniforme, le trou pratiqué dans la planchette et qui ouvre l'objectif en glissant devant l'ouverture, doit être carré ou rectangulaire : s'il est rond, c'est la ligne centrale qui s'ouvrira d'abord et qui se fermera en dernier lieu, et il y aura toute une bande plus éclairée au milieu du cliché. Et ne croyez pas que ceci soit une vérité simplement théorique, j'en ai constaté plus d'une fois la réalité par l'expérience.

« Si l'ouverture de la guillotine est rectangulaire, c'est-à-dire si ses côtés opposés sont parallèles, on comprend aisément que toutes les parties de l'objectif seront ouvertes pendant un temps égal, car il est évident que l'ouverture de la guillotine mettra un temps égal pour passer devant un point quelconque qui se trouve sur son passage. On ne saurait en dire autant d'une ouverture circulaire dans laquelle le passage de plusieurs points pris au hasard représenterait plusieurs cordes d'inégales longueurs, et par conséquent des découvrements d'inégales durées : je fais appel à vos souvenirs de géométrie pour vous en convaincre.

« Enfin, la guillotine a un autre avantage, mais à condition qu'on la fasse fonctionner horizontalement au moyen d'un bout de caoutchouc élastique : elle permet de donner moins de pose au ciel, qui ordinairement en a trop, et davantage aux avant-plans, qui en ont toujours trop peu. Pour obtenir ce résultat, il suffit de donner à l'ou verture la forme d'un trapèze régulier dont la base ait environ le double du côté supérieur.

« Au point de vue de la rapidité et de la régularité, il est encore une fois certain que l'obturateur à guillotine est le meilleur ; la seule chose qu'il importe d'observer, c'est que la planchette glissante soit la plus légère possible, afin que son mouvement soit très rapide, même sous l'action d'un faible ressort.

« Cependant on fait à cet obturateur deux objections qui, à première vue, semblent très sérieuses. On dit qu'il produit un choc et que l'appareil bouge. Cela est vrai ; seulement, le choc ne se produit que par l'arrêt de la planchette arrivée à la fin de sa course. Donc la secousse n'a lieu qu'après la fermeture de l'objectif, et elle est donc indifférente, à moins que l'obturateur ne soit trop lourd et mal construit, ce qui ne doit pas arriver. On dit en second lieu que, derrière une ouverture à guillotine, l'image se meut sur la plaque sensible en sens inverse du mouvement de l'ouverture. Cela est peut-être possible en théorie pure, quoique j'aie à ce sujet des doutes très fondés et que je pourrais expliquer ; mais je m'en abstiens, car jamais mon obturateur n'a altéré la netteté des images que j'ai obtenues, et il me semble que c'est là tout ce qu'on peut désirer en pratique.

« Reste enfin le choix de l'objectif.

« Ceci est une grave question ; il me fallait un

appareil couvrant au moins la plaque entière, soit 18×24^{cm}, étant très lumineux, et ayant un foyer de 25^{cm} à 30^{cm} de longueur. J'avais à ma disposition les objectifs suivants, qui répondaient assez bien à ces différentes données :

1 un aplanat de Steinheil.	Ouverture 42^{mm},	foyer	25^{cm}
2 un antiplanat de Steinheil.	» 48	»	27
3 un rectilinéaire de Dallmeyer.	» 40	»	32
4 un euryscopique de Voigtländer.	» 46	»	28
5 un rapid symetrical de Ross.	» 40	»	30

« J'ai choisi un jour bien serein, vers la fin du mois de mai, et j'ai opéré entre midi et une heure de relevée. Pour bien pouvoir juger les résultats obtenus, je me suis mis dans les conditions de distance les plus défavorables que voici : à gauche et à l'avant-plan, soit à 5^m de l'objectif, une maison ; à droite, un pont dont la balustrade est très détaillée et situé à 100^m ou 125^m ; au milieu, le pavé de la rue à l'avant-plan, et, dans le fond, une perspective de bâtiments situés au moins à 200^m ou 300^m. J'ai mis au point une lanterne située au centre du tableau, à 60^m ou 75^m de l'objectif, et j'ai fait une série de vingt clichés comme suit :

1 Aplanat Steinheil.	Diaphragme de		35^{mm}
2 » »	»		28
3 » »	»		24
4 » »	»		18
5 Antiplanat »	»		38
6 » »	»		33

CHAPITRE SIXIÈME.

7	Antiplanat Steinheil.	Diaphragme de	27
8	» »	»	21
9	Rectilinéaire Dallmeyer.	»	37
10	» »	»	31
11	» »	»	25
12	» »	»	20
13	Euryscopique Voigtländer.	»	30
14	» »	»	23
15	» »	»	15
16	» »	»	11
17	Rapide symétrique Ross	»	31
18	» »	»	26
19	» »	»	19
20	» »	»	13

« J'ai obtenu dix-huit clichés suffisamment posés, deux seulement manquaient de pose ; c'étaient ceux faits avec l'euryscopique de Voigtländer et les petits diaphragmes.

« A égalité de diaphragmes, ce sont l'antiplanétique de Steinheil et le rapide symétrique de Ross qui m'ont donné les meilleurs résultats, comme netteté, comme profondeur et comme intensité lumineuse. Je dois avouer que cela m'a étonné quant au Steinheil, qui cependant m'a donné les résultats les plus remarquables, car sa lentille postérieure, qui est divergente et très épaisse, est sensiblement jaune par transparence. Quant au rapide symétrique de Ross, il est un peu plus long de foyer et l'image un peu plus grande ; on pourra donc l'employer avantageusement lorsqu'on sera assez éloigné du sujet qu'on voudra photographier.

« Les autres appareils, tout en donnant des résultats sérieux, manquent ou de lumière ou de netteté, et ne peuvent guère servir qu'à faire des quarts de plaque, ce qui était en dehors de ma recherche.

« La conclusion à laquelle je suis arrivé est donc celle-ci : si vous voulez faire de beaux instantanés de la grandeur 13×18^{cm}, il faut choisir une belle journée, donner un minimum de pose à l'aide de l'obturateur à guillotine horizontale, et employer l'objectif antiplanétique de Steinheil ou le rapid symétrical de Ross, suivant les circonstances, à moins que vous ne soyez l'heureux possesseur d'instruments plus parfaits encore, ce que je vous souhaite de tout mon cœur. »

En reproduisant *in extenso* les utiles indications fournies par M. Goudman, nous avons pensé être utile à nos lecteurs, car les conseils qu'il donne ont pour point de départ une pratique des plus intelligentes. Nous n'avons rien à y ajouter. Nos lecteurs, s'inspirant de leurs expériences personnelles, sauront bien, avec toutes les données qui précèdent, créer pour leur usage une bonne méthode, sans avoir à recourir à d'autres objectifs que ceux qu'ils possèdent pour leurs travaux courants.

Il nous paraît utile pourtant d'ajouter à toutes ces données une étude publiée par nous dans le *Journal de l'Industrie photographique* ([1]), sur la *mesure*

([1]) Page 114, année 1882. Librairie Gauthier-Villars.

CHAPITRE SIXIÈME.

des temps de pose pour des objets se mouvant à des distances diverses de la chambre noire.

La lecture de cette note conduira le débutant à se faire rapidement une idée des résultats sur lesquels il pourra compter, suivant qu'il opérera à des distances plus ou moins rapprochées de l'objet en mouvement.

MESURE DES TEMPS DE POSE POUR DES OBJETS SE MOUVANT A DES DISTANCES DIVERSES DE LA CHAMBRE NOIRE.

Pour un objet animé d'une vitesse quelconque se mouvant dans un plan transversal par rapport à l'objectif, la variation angulaire du déplacement est d'autant plus grande que l'objet est plus rapproché de l'objectif.

O est l'objectif (*fig.* 6). L'angle DOC est son angle de vision. La corde AB est tracée à 10^m de l'objectif. Les lignes AA'BB' coupent chacune deux autres cordes transversales sur une longueur égale à AB.

Si le déplacement d'un objet est de 5^m à la seconde, il parcourra, par exemple, la distance AB, étant à 10^m de l'objectif, c'est-à-dire qu'il traversera la plaque entière durant une seconde; s'il se meut à 20^m, il ne traversera la plaque que sur une moitié; à 30^m, que sur un tiers; à 40^m, que sur un quart; à 50^m, que sur un cinquième, enfin à 100^m, que sur un dixième de sa hauteur ou de sa largeur, suivant que l'objet se meut en hauteur ou en travers.

DEUXIÈME PARTIE.

Fig. 6.

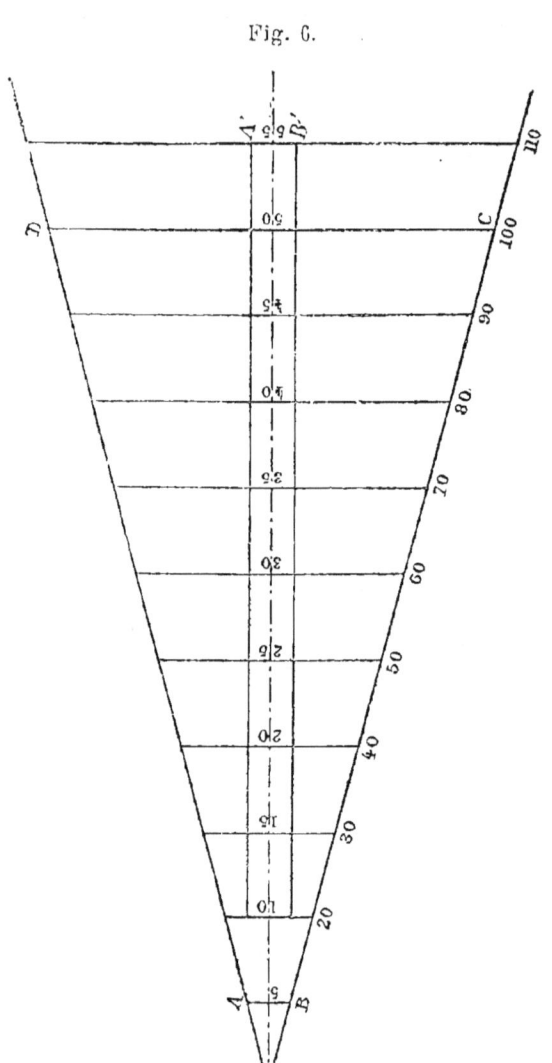

Nous négligeons l'obliquité plus ou moins

grande, dont il est d'ailleurs aisé de tenir compte, ainsi qu'on le verra.

Pour que l'objet en mouvement ne se déplace sur la plaque que de $\frac{1}{10}$ de la longueur ou de la hauteur de cette plaque, il faudrait que la durée de la pose fût réduite à $\frac{1}{10}$ de seconde pour une distance de 10^m. Or, à la distance de 100^m, dans cette même durée d'exposition, le déplacement ne serait plus que de $\frac{1}{10}$ du déplacement précédent indiqué pour cette distance, soit de $\frac{1}{100}$ de sa longueur.

Il résulte évidemment de cette simple démonstration que, pour reproduire des objets animés d'un mouvement de translation dans l'espace ou sur le sol, il y a lieu de tenir compte des distances auxquelles se trouvent ces objets par rapport à l'objectif.

Plus l'objet animé d'un mouvement transversal sera rapproché de l'objectif et plus rapide devra être la vitesse de l'obturateur pour une égale rapidité de progression.

Il convient donc d'établir la relation qui doit exister entre la durée de l'exposition, la vitesse de progression des objets et la distance de ces objets par rapport à l'objectif.

Nous ne parlons ni de la sensibilité de la préparation employée, ni de l'ouverture de l'objectif; il va sans dire que l'on opérera toujours en pareil cas avec les préparations connues comme offrant le maximum de sensibilité; qu'on développera avec les révélateurs les plus puissants, et enfin qu'on donnera à l'objectif le maximum d'ouverture compatible avec une finesse suffisante du résultat.

Pour ne pas compliquer nos indications, nous nous bornerons donc à la relation des durées d'exposition avec les distances des objets d'une part, et d'autre part avec leur vitesse.

Deux cas, en effet, peuvent se présenter, soit qu'un ou plusieurs objets se trouvent à des distances diverses de l'objectif en étant animés d'une même vitesse dans l'unité de temps, soit qu'ils aient des vitesses variables à des distances différentes.

Dans l'exemple cité plus haut avec diagramme à l'appui, nous avons évalué les déplacements sur la plaque d'un objet se mouvant à des distances diverses, mais avec une même vitesse de translation.

En ce cas, il y a lieu évidemment de ne tenir compte que du temps de pose nécessaire à la reproduction aussi nette que possible de l'objet le plus rapproché, en vertu de cette vérité incontestable que « qui peut le plus peut le moins ».

Mais, si nous avons plusieurs objets en mouvement à reproduire en même temps, par exemple un cheval courant à 20^m environ de l'objectif avec une vitesse d'environ 2^m à la seconde, et si à 50^m environ se trouve une locomotive traversant le champ de vision avec une vitesse de 15^m à la

CHAPITRE SIXIÈME.

seconde, il y aura lieu de savoir pour laquelle des vitesses on devra régler le temps de pose, celui-ci devant toujours être suffisant pour reproduire celui des divers objets animés d'un mouvement de translation dont le déplacement angulaire sera le plus grand.

A 20^m de l'objectif, un cheval se déplaçant de 2^m à la seconde traverserait en une seconde $\frac{1}{5}$ du champ de vision; dans $\frac{1}{10}$ de seconde il n'en traverserait plus que $\frac{1}{50}$; enfin dans $\frac{1}{100}$ de seconde, le déplacement ne serait plus que $\frac{1}{500}$ du champ de vision, ce qui, sur une plaque de 10^{cq}, se traduirait par un déplacement de $\frac{2}{10}$ de millimètre. La pose de $\frac{1}{100}$ de seconde serait donc insuffisante, parce qu'un déplacement de $\frac{2}{10}$ de millimètre constitue un effet encore très appréciable. Pour réduire cet effet à $\frac{1}{10}$ seulement de millimètre, il suffirait de diminuer la pose de moitié en la portant à $\frac{1}{200}$ de seconde.

Il résulte de ce court exposé que, pour reproduire avec une netteté suffisante un cheval marchant à 20^m en avant de l'objectif avec une vitesse de translation de 2^m à la seconde, il faudrait une vitesse d'obturation d'environ $\frac{1}{200}$ de seconde pour n'obtenir qu'un déplacement angulaire d'environ $\frac{1}{10}$ de millimètre, quantité peu appréciable. Avec une pose de $\frac{1}{300}$ de seconde, le déplacement ne serait plus que de $\frac{1}{15}$ de millimètre.

On conçoit donc que si la rapidité de l'obturateur est portée à $\frac{1}{300}$ de seconde, le déplacement angulaire sera moindre encore, puisqu'il ne sera plus que de $\frac{1}{15}$ de millimètre, et l'on sait exactement dans quelles conditions on peut opérer. On se rend compte en pareil cas de l'insuffisance d'un obturateur qui ne donnerait qu'une rapidité maximum de $\frac{1}{50}$ de seconde.

Si maintenant nous nous occupons de la locomotion dont le parcours transversal est de 15^m à la seconde, nous voyons que, si elle passait à 20^m de l'objectif, elle en traverserait, dans une seconde, tout le champ. Mais, à 50^m, elle n'en traverse plus que les $\frac{3}{5}$; dans $\frac{1}{10}$ de seconde, son parcours serait dix fois moindre, soit de $1^m,5$ seulement; dans $\frac{1}{100}$ de seconde, il serait réduit à $0^m,15$, quantité qui ne se traduira sur la plaque de 10^{cq} que par un déplacement d'environ $\frac{1}{7}$ de millimètre, ce qui dans $\frac{1}{300}$ de seconde ne sera plus que le tiers, soit $\frac{1}{21}$ de millimètre.

Ainsi le cheval et la locomotive pourront être pris avec une netteté suffisante, pourvu que la pose soit de $\frac{1}{300}$ de seconde environ.

Il n'en serait pas de même si la locomotive passait en avant du cheval; si, en un mot, les positions réciproques étaient renversées. En ce cas, il n'y aurait à s'occuper que de la vitesse d'obturation propre à la reproduction de la locomotive.

Cette machine étant animée d'une vitesse de 15^m à la seconde, franchirait dans une seconde tout le champ de vision de l'objectif (à 20^m de distance de celui-ci), puisque ce champ n'est que de 10^m et qu'elle parcourt un espace de 15^m à la seconde. En réduisant l'exposition à $\frac{1}{10}$ de seconde, le parcours dans le champ de vision sera, durant ce temps, de $1^m,500$, et dans $\frac{1}{100}$ de seconde, de $0^m,15$, qui se traduiraient sur une plaque de 10^{cq} par un déplacement de $0^m,0015$. Pour réduire le déplacement à $\frac{1}{10}$ de millimètre seulement, il faudrait donc augmenter la rapidité d'obturation et la pousser jusqu'à environ $\frac{1}{1000}$ de seconde, ce qui indique nettement qu'on ne saurait obtenir une reproduction convenable d'un objet animé d'une pareille vitesse et se mouvant dans un plan aussi rapproché de l'objectif, à moins de recourir à des produits d'une sensibilité extraordinaire.

Nous avons démontré qu'il faudrait au moins opérer, pour de pareilles vitesses, en face d'un objet qui traverserait le champ de vision à environ 50^m de l'objectif et user alors d'un obturateur donnant une durée d'exposition de $\frac{1}{200}$ à $\frac{1}{300}$ de seconde environ.

De cette façon, on saura toujours, à une certaine approximation près, si l'instantanéité à tenter est oui ou non possible, et l'on évitera de sacrifier des plaques sensibles, alors qu'il sera démontré par un très simple calcul que l'on n'est pas dans des conditions de bonne exécution.

Mais, nous dira-t-on, comment connaître soit la

distance qui existe entre l'objectif et l'objet à reproduire, soit la vitesse de translation de cet objet?

On ne peut assurément opérer qu'avec une certaine approximation et apprécier à vue d'œil les distances par rapport à l'objectif.

On ne saurait se tromper entre 20^m ou 30^m et 50^m, pas plus qu'entre 50^m et 100^m. Il est donc nécessaire de ne baser ses appréciations que sur deux ou trois distances prises pour base, par exemple de 10^m à 20^m, de 20^m à 50^m et de 50^m à 100^m. A l'œil on pourra toujours juger avec assez d'exactitude si l'objet se trouve à 20^m, à 50^m ou à 100^m environ, et c'est là tout ce qu'il faut.

Quant à la vitesse de translation, il est tout aussi impossible de la connaître mathématiquement, mais on peut l'apprécier avec une approximation très suffisante.

On sait, par exemple, qu'un train de chemin de fer parcourt en moyenne douze lieues à l'heure, soit 4444^m × 12 = 53328^m, ce qui donne par minute $\frac{1}{60}$ de cette quantité ou 888^m dont le $\frac{1}{60}$ nous fournira la vitesse de translation à la seconde, soit environ 14^m à 15^m à la seconde.

Un train éclair marchant à la vitesse de vingt lieues à l'heure franchirait donc 25^m à la seconde.

Pour un cheval, on peut évaluer de même la plus ou moins grande rapidité de sa marche, suivant qu'il va au galop, au trot ou au pas.

On peut admettre en moyenne qu'un cheval au

CHAPITRE SIXIÈME. 101

galop fait une lieue en un quart d'heure; au trot, il lui faut une demi-heure; enfin au pas, une heure. Ce qui donne à la seconde :

Au pas . . . . 1^m,25
Au trot . . . . 2 ,50
Au galop . . . . 5 »

Ces bases suffisent absolument tout comme les trois bases des distances relatives de 20^m, 50^m et 100^m.

Pour un homme, nous savons qu'il fait, en marchant d'un pas soutenu, environ 100^m à la minute; que cette vitesse se réduit à la moitié environ pour le pas de promenade, et enfin qu'à la course moyenne il peut faire une lieue en une demi-heure environ. Nous aurons alors les moyennes ci-après à la seconde :

Homme au pas de promenade . . . . . . 0^m,80
Homme à la marche soutenue . . . . . . 1 ,66
Homme à la course . . . . 2 ,50

S'il s'agit de bateaux à vapeur ou à voile, on peut, sans errer beaucoup, cantonner ses appréciations dans les quelques données moyennes suivantes :

Sa grande vitesse sera de . . . . 12 nœuds
Sa vitesse moyenne à la vapeur, de . . . 10 »
Sa vitesse à la voile, de . . . . 8 »

Un bâtiment qui fait dix nœuds a une marche de 4^{km} à l'heure; ce qui, réduit à la seconde, donne :

Pour une grande vitesse moyenne environ. 2^m,25
Pour une marche normale à vapeur . . . 1 ,85
Pour une marche normale à voile . . . . 1 ,50

Il nous resterait, pour être complet, à donner une idée moyenne de la vitesse de translation des oiseaux; mais c'est là une chose assez difficile. Il faut, avec la gent ailée, user toujours de la vitesse maxima dont on peut disposer, attendu que la rapidité de leur vol est toujours considérable. Il est donc inutile d'entrer à cet égard dans plus de détails. On ne saurait aller trop vite, telle est la règle invariable, d'autant plus qu'à la vitesse de translation s'ajoute le mouvement plus rapide encore de leurs ailes.

Les données ci-dessus nous paraissent donc suffisantes pour guider l'appréciation dans la majeure partie des circonstances.

Jusqu'ici nous avons parlé d'objets animés d'un mouvement plus ou moins rapide de translation dans un sens transversal par rapport à la surface de la planchette de l'objectif, mouvement s'opérant dans des plans parallèles à cette surface, soit en hauteur, soit en travers.

Il est utile de considérer les cas où les mouvements s'opèrent soit perpendiculairement au plan de la planchette, soit obliquement, dans n'importe quel sens par rapport à ce plan.

Si l'objet s'éloigne ou se rapproche dans une direction parallèle à l'axe de l'objectif suivant AB ou parallèlement à AB (*fig. 7*), aucune modification angulaire ne se produira, et il n'y a là que la mise au point qui peut varier suivant qu'on l'aura fixée au jugé d'une façon plus ou moins rapprochée du point exact. Il y a là une question d'expérience à acquérir pour l'établissement de cette mise au point approximative. A partir de 50^m de l'objectif, on n'aura aucune difficulté à saisir le point cou-

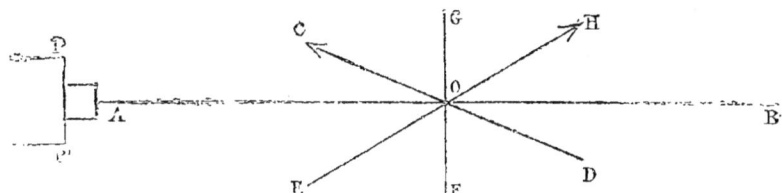

Fig. 7.

venable, et ce n'est qu'entre 20^m et 50^m que la mise au point peut donner lieu à des tâtonnements sérieux.

Si les objets se meuvent dans des plans obliques par rapport à celui de la planchette de l'objectif PP', de E vers H par exemple, ou de D vers C, il y aura à évaluer toujours le mouvement ou déplacement transversal qui en résulte, et, d'une façon générale, on doit le considérer comme étant la moitié de celui d'un objet qui se mouvrait de F en G. Si donc l'objet se meut de D en C avec une vitesse de 5^m à la seconde, on calculera comme s'il suivait la trajectoire à FG, s'il suit un plan compris entre les angles COG ou FOD.

Si, au contraire, il suit un plan compris dans l'angle COA ou BOD, on calculera sur la moitié de la vitesse de déplacement transversale, soit, dans l'exemple actuel, de 2,50 à la seconde.

De cette façon il y aura, d'une part, toujours le maximum de la rapidité nécessaire, et d'autre part l'appréciation se trouvera limitée dans des bases répondant moyennement à l'ensemble des exigences.

On comprend qu'il serait impossible de procéder avec une précision plus grande, mais on conçoit aussi qu'il est indispensable de savoir à peu près quelle vitesse d'obturation est convenable dans les principaux cas qui peuvent se présenter.

Pour que les formules relatives à l'appréciation des temps de pose en matière d'instantanéités se dégagent nettement et clairement de toutes les considérations qui précèdent, nous avons établi un tableau où d'un coup d'œil on trouvera les éléments répondant, en général, aux cas les plus fréquents.

Nous renvoyons à l'Appendice ci-après pour des renseignements complémentaires sur cette si importante partie des applications photographiques.

CHAPITRE VII.

**Laboratoire. — Cabinet armoire de M. Enjalbert.
Lampes d'atelier. — Lumières artificielles.
Lumières à flammes de couleur.**

Le laboratoire dont nous avons à parler ici est celui qui est destiné aux opérations à faire à l'aide d'un éclairage incapable d'agir sur les produits sensibles dont on fait usage.

La condition essentielle du succès des travaux photographiques ayant pour base les négatifs au gélatinobromure ou à tous autres produits qui seraient doués d'une égale sensibilité, est d'être absolument étanche contre toute pénétration de la lumière du jour.

Un cabinet obscur quelconque suffit quand il est bien protégé contre toute invasion des rayons lumineux; mais il est préférable, quand on le peut, d'avoir deux pièces, l'une des deux servant d'antichambre au cabinet noir et pouvant être utilisée pour les opérations à faire en plein jour. Cet atelier doit pouvoir être rendu obscur à volonté, pour ne pas laisser pénétrer de lumière dans le cabinet noir proprement dit, lorsqu'on veut communiquer librement de l'un dans l'autre.

L'atelier éclairé sert pour les lavages, pour tous les travaux qui peuvent s'effectuer au jour ou au demi-jour, et l'on use du cabinet noir pour toutes les manipulations concernant les couches sensibles négatives : ouverture des boîtes de plaques ou des rouleaux de papier sensible, mise en châssis, sortie des châssis et développement, lavage après le développement, bains d'alun et fixage. Après le fixage, il n'y a plus rien à redouter de l'action des rayons lumineux. On continue alors dans l'atelier éclairé l'œuvre de l'achèvement des clichés.

Le cabinet noir peut être éclairé par la lumière solaire à l'aide d'un écran translucide d'une couleur convenable; mais il doit quand même être muni des appareils d'éclairage artificiel pour les manipulations à faire le soir et la nuit.

Un excellent moyen de disposer l'éclairage artificiel consiste dans la suspension, au-dessus de la table destinée au développement, d'une lanterne à cône tronqué de M. Stebbing (voir *fig.* 8, p. 107, ci-après).

La lumière vient de haut en bas à travers le verre rouge, et on y voit ainsi d'une manière générale et assez clairement pour n'être gêné en rien dans ses mouvements.

Il est utile d'avoir une autre lanterne d'atelier

CHAPITRE SEPTIÈME. 107

à main, que l'on peut transporter où besoin est, et à l'aide de laquelle on peut examiner la venue du cliché par transparence.

Cette lanterne doit être munie d'une rainure

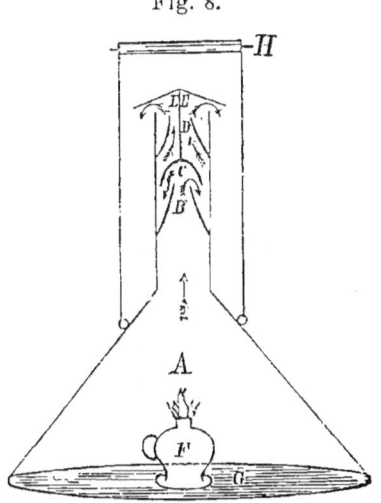

Fig. 8.

dans laquelle on peut engager à volonté un verre rouge ou un verre jaune (¹).

On met le verre jaune quand la plaque est déjà immergée dans le développateur, en ayant soin, pendant qu'on change de verre, de recouvrir la cuvette où est la plaque d'un couvercle en métal ou en carton noir à rebords emprisonnant toute la hauteur de la cuvette.

(¹) La lanterne à huile de M. Laverne (*fig.* 9) convient très bien pour cet objet. On peut aussi recommander celle de M. Gilles.

La lumière jaune n'agit plus sur les plaques dès qu'elles sont en voie de développement.

Du côté opposé à la table à développer, table surmontée d'une étagère pour recevoir les divers produits nécessaires, doit se trouver une autre

Fig. 9.

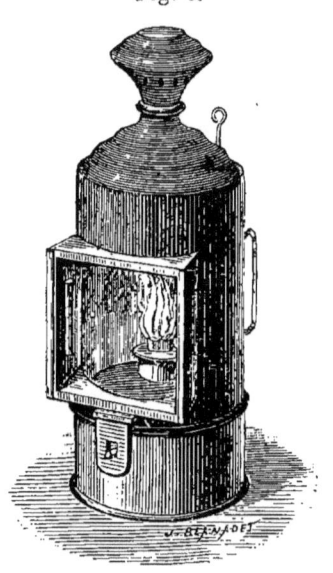

table ou étagère destinée à recevoir la cuvette pour fixer et les récipients contenant l'hyposulfite de soude, soit à l'état solide, soit en dissolution, l'alun, etc.

Jamais ce qui sert au fixage, cuvettes, récipients, etc., ne doit être confondu avec les ustensiles affectés au développement des épreuves. Il est indispensable de réserver à chacune des opérations distinctes les accessoires qui lui sont propres, si l'on tient à travailler sans accidents, sans taches. Le contact des doigts imprégnés d'hyposulfite de soude avec les plaques sensibles produit infailliblement des taches noires ou brunes qui dété-

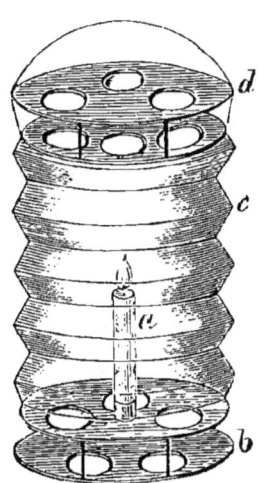

Fig. 10.

riorent les négatifs; on ne saurait user de trop de précautions à cet égard.

Il existe une très grande quantité de modèles divers de lanternes d'atelier; à ceux que nous avons indiqués nous ajouterons encore la lanterne portative de M. Enjalbert : cette lanterne, éclairée avec une bougie, se replie et s'enferme dans une boîte.

Un modèle plus simple encore qu'aucun de ceux qui ont été imaginés et des plus portatifs est celui qu'indique la *fig.* 10 (p. 109). Il consiste en une lanterne vénitienne en papier ou en étoffe d'une couleur antiactinique.

Il y a encore la méthode d'éclairage préconisée par M. Scola : elle consiste dans l'emploi de flammes colorées. Il a d'abord conseillé la flamme rouge d'une lampe à alcool tenant en dissolution du perchlorate de strontiane; puis, après divers essais, il a cru devoir donner la préférence à une flamme jaune obtenue avec une addition de perchlorate de soude sur de l'alcool de bois à brûler.

A notre avis, l'idée est bonne, et les deux produits, soit le sel de strontiane et celui à base de soude, peuvent être employés suivant les cas.

La flamme jaune, à la condition qu'on interpose entre elle et le produit sensible un verre jaune d'une couleur bien choisie, n'influence pas les plaques au gélatinobromure ordinaires, pourvu qu'on tienne les produits sensibles à une distance d'au moins un mètre de la source de lumière.

Cette lumière est très éclairante, mais elle a l'inconvénient de vaciller beaucoup, si l'on use d'une lampe à alcool ordinaire; sans doute évitera-t-on cette imperfection en usant d'un brûleur disposé comme le sont les brûleurs à pétrole.

Ce verre jaune n'augmente pas de beaucoup le bagage photographique : on n'a qu'à placer la lampe entre deux briques, deux pierres, deux morceaux de bois, contre lesquels on met, en avant de

CHAPITRE SEPTIÈME. 111

la lampe, le verre jaune protecteur contre les rayons directs. Il y a bien des rayons réfléchis qui viennent agir sur la plaque, mais ils viennent de plus loin; ils sont d'une intensité moindre que les rayons directs, et leur action sur les produits sensibles ne se manifesterait qu'au bout d'un temps plus long que celui qu'exige la mise au châssis ou la sortie du châssis pour l'immersion dans le bain développateur.

Si cette flamme monochrome de couleur jaune n'actionne pas les produits sensibles ordinaires, il n'en est pas de même quand on use de produits spéciaux, des plaques isochromatiques de MM. Tailfer et Clayton, par exemple.

Nous avons fait un essai avec une de ces plaques, et la flamme jaune, qui avait à peine influencé une plaque Monckhoven à $0^m,40$ de distance et pendant 2^{min} d'action, a, dans les mêmes conditions, produit sur la plaque isochromatique une action très énergique.

Il y a donc lieu de s'entendre sur la nature du produit sensible quand on parle de l'éclairage à employer.

Nous avons fait un essai de même sorte avec la flamme de la lampe à alcool à perchlorate de strontiane. Un verre rouge étant interposé entre la flamme et le produit sensible, la plaque isochromatique a subi une légère influence, tandis que la plaque Monckhoven n'a montré aucune trace d'action.

On objectera à cela que, s'il est des produits qu'actionne toute flamme colorée, si monochrome qu'elle soit, il doit devenir difficile d'employer ces produits sensibles.

Nous répondrons que c'est alors une question de distance; au lieu de se mettre à $0^m,40$ de la source lumineuse, ainsi que nous l'avons fait dans nos essais, si l'on se tient à 1^m de cette source, on y verra encore assez pour les manipulations, et la couche sensible ne sera pas influencée, ou bien elle ne le sera que dans un temps plus long que celui qui est nécessaire aux diverses opérations, durant lesquelles l'action de la lumière peut être offensive.

La méthode Scola permet-elle de simplifier le matériel à emporter? Nous ne le pensons pas. Il ne suffit pas d'un peu de sel de perchlorate de soude et de strontiane à emporter, il faut en outre un flacon d'alcool de bois, une lampe munie d'un brûleur spécial, enfin un verre de couleur. Tout cela pèse bien autant et prend bien autant de place qu'une petite lanterne Laverne.

Pourtant, il est des cas où ce moyen peut rendre des services; il est donc toujours bon de le connaître, sauf à n'en user que dans des circonstances exceptionnelles.

Voici les proportions du liquide brûleur :

Alcool méthylique (esprit de bois à brûler). 100^{cc}
Perchlorate de soude ou de strontiane . . . $1^{gr},50$

CHAPITRE SEPTIÈME.

L'agrément de ces sels ajoutés à l'alcool, c'est qu'ils brûlent sans encrasser la mèche, qui reste toujours bien nette.

Quel que soit le procédé d'éclairage de l'atelier, on devra toujours s'assurer d'avance, par quelques essais pratiques, qu'il est sans danger pour les produits sensibles.

On sacrifie quelques plaques à cet essai, de manière à corriger l'éclairage, s'il est défectueux, par l'interposition d'écrans antiactiniques.

C'est le cas de recommander ici l'emploi d'un tissu antiactinique connu sous le nom de sherry fabric [1]. Ce tissu rouge placé en double contre les vitres du laboratoire ne laisse pas passer les rayons actiniques. Il va sans dire qu'il ne faut pas laisser entrer la lumière extérieure à travers ce tissu, sur toute l'étendue de la fenêtre; si elle est grande, on recouvre plus de la moitié de la partie supérieure de papier ou d'une étoffe absolument opaque, et le sherry est placé en bas sur une surface convenable à un éclairage suffisant pour bien voir ce que l'on fait, mais tout juste suffisant pour cela.

Un essai préalable permettra toujours de juger de la valeur antiactinique de l'éclairage et de le modifier s'il exerce encore quelque action sur les plaques sensibles.

---

[1] Dépôt à Paris chez M. Audouin, 5, cité Bergère.

114   DEUXIÈME PARTIE.

Il est un moyen de se rendre compte *à priori* de la nature de l'éclairage, en s'aidant d'un spectroscope.

La lumière dont on use, vue dans le spectroscope, ne doit pas laisser apercevoir de spectre complet, et surtout être exempte de rayons bleus, violets et verts. Si l'on use du gélatinobromure ordinaire, une lueur jaune suffit, mais à condition d'être monochromatique. En ce cas, on ne doit apercevoir dans le spectroscope que la raie jaune du spectre, raie caractéristique du sodium.

L'essai des verres ou des étoffes et papiers rouges

Fig. 11.

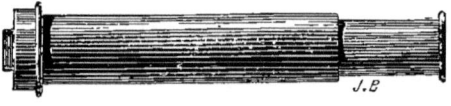

peut se faire au spectroscope. Tout corps translucide, qui laisse passer d'autres rayons que les rayons rouges, doit être mis de côté ou modifié quant à son épaisseur, jusqu'à ce qu'il ne laisse voir dans le spectroscope que les seuls rayons rouges.

On fabrique en Angleterre un tout petit spectroscope de poche ([1]) très commode et d'un prix peu élevé, soit de 28^{fr} environ rendu à domicile en France. En voici les dispositions (*fig.* 11).

Tout amateur de photographie soucieux de se

([1]) Chez MM. Horne et Thornthwaite, opticiens, 416, Strand, Londres W. C.

CHAPITRE SEPTIÈME. 115

rendre compte de ses opérations fera bien de se munir de ce petit instrument très utile, complément nécessaire, sinon indispensable, de l'outillage photographique.

Il nous reste à parler d'un autre genre d'éclairage artificiel destiné, non plus à éclairer le cabinet d'opérations, mais bien les objets à reproduire quand on opère dans des endroits obscurs, tels que des cryptes d'église, des grottes, et même si l'on a à reproduire quelque chose la nuit.

L'appareil de ce genre le plus commode à joindre à son matériel de voyage est la lampe à magnésium de M. Loiseau fils ([1]).

Cette lampe, munie d'un ressort d'horlogerie pour faire avancer le magnésium au fur et à mesure de la combustion, porte son réflecteur et est enfermée dans une boîte d'un volume très réduit. Le prix de cet objet est de 18 francs.

Pour des opérations à faire sans le secours de la lumière solaire, il n'est aucun procédé d'éclairage portatif plus simple et d'un emploi plus facile que celui-là.

Un essai préalable indiquera le rapport des valeurs de la lumière donnée et de son action sur la couche sensible. Pour faire cet essai, on dispose dans une chambre, et à partir de 6^m environ de la chambre noire, des objets divers espacés l'un

---

[1] Loiseau fils, rue Richelieu, 29, Paris

de l'autre de $0^m,50$. Si la pièce où l'on fait l'essai est assez grande, on peut disposer de ces objets sur une profondeur de 4^m à 5^m, ce qui en fait 8 à 10. On expose une plaque en allumant en même temps le magnésium, et on laisse l'exposition durer deux à trois minutes. Puis on voit au développement depuis quelle profondeur s'est produite l'action des rayons réfléchis pendant cette durée d'exposition. On se donnera ainsi un guide certain pour ne pas opérer au hasard, une fois sur nature.

On a conseillé diverses compositions pyrotechniques à l'aide desquelles on peut soudainement éclairer un endroit obscur, et faire instantanément la reproduction d'une de ses parties.

On fait un mélange ainsi qu'il suit :

Chlorate de potasse............	8 parties
Soufre................	2 »
Sulfure d'antimoine..........	4 »
Magnésium en poudre..........	2 »

Ce mélange étant bien intime, on en met une quantité plus ou moins grande sur une pierre, dans l'endroit le plus convenable pour bien éclairer l'objet, ou la surface, ou la vue à reproduire; cela fait, on ouvre l'objectif et l'on enflamme la composition. Elle brûle instantanément en produisant une très vive lueur, qui suffit pour impressionner la plaque si l'on opère avec un objectif à court foyer et à grande ouverture ([1]).

([1]) Il faut avoir soin de ne broyer les divers éléments de ce

CHAPITRE SEPTIÈME.

Il faut disposer toujours la composition à enflammer sur la gauche ou sur la droite de la chambre noire et de façon qu'elle soit aussi près que possible de l'endroit à éclairer sans se trouver dans le champ de vision de l'objectif.

On peut encore faire des compositions, susceptibles de brûler un certain temps, analogues à celles des feux de Bengale, mais donnant des flammes blanches ou bleues.

Mieux vaut alors user d'une petite lampe à magnésium comme celle que nous venons d'indiquer : aucune lumière artificielle n'est douée de rayons plus actiniques, sauf la lumière électrique, mais il ne saurait être question d'un éclairage aussi compliqué dans un manuel destiné à des touristes photographes ([1]).

Les amateurs de photographie manquent quelquefois de la place nécessaire à l'installation d'un petit laboratoire. M. Enjalbert, de Montpellier, toujours si ingénieux dans ses idées, a prévu ce cas, et il y a remédié en créant une armoire-laboratoire où l'on peut faire toutes les opérations que com-

---

mélange qu'isolément, sans quoi l'on s'exposerait à de graves accidents. Une fois bien réduit en poudre, on opère le mélange sans danger, mais en évitant tout choc trop violent.

([1]) Pourtant on exécute maintenant, notamment chez M. Aboilard (76, avenue de Villiers, à Paris), des lampes à incandescence portatives et que l'on fait fonctionner avec de petits accumulateurs également portatifs. Nul doute que ces ingénieux appareils ne soient appelés à rendre de grands services à l'art photographique.

porte la photographie négative. Cette armoire, une fois close, ne tient pas plus de place qu'un meuble ordinaire de cette sorte (*fig.* 12). Mais quand elle est ouverte de façon à former un cabinet de

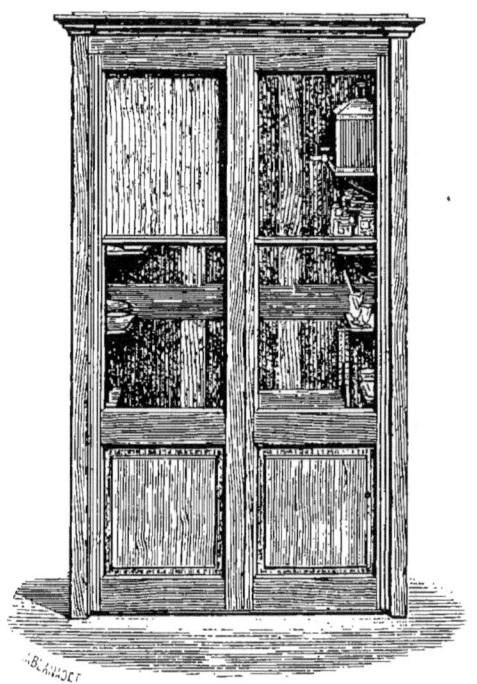

Fig. 12.

travail, ainsi que l'indiquent la *fig.* 13, montrant les parties entr'ouvertes, et la *fig.* 14, représentant le cabinet noir tout formé, on voit qu'il y a tout ce qu'il faut pour les manipulations diverses, pour renfermer les produits, les cuvettes, les récipients, etc.

Évidemment, on est un peu resserré dans cet espace très limité, mais il est bien suffisant pour

Fig. 13.

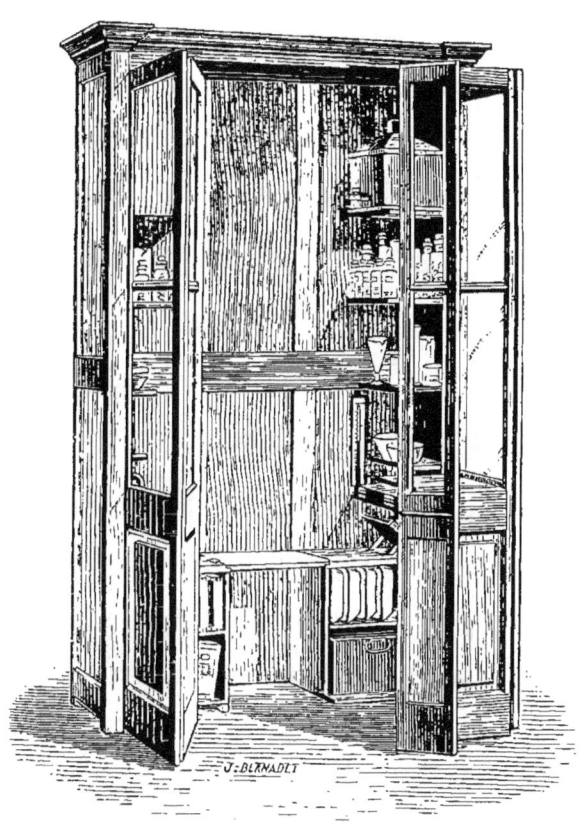

le travail d'un touriste photographe, et cette disposition offre l'avantage de ne gêner en rien, de pouvoir être organisé partout, dans une chambre à coucher, dans un cabinet de travail ordinaire.

DEUXIÈME PARTIE.

Pendant le jour, l'éclairage peut venir du dehors, à travers le vitrage rouge de l'armoire, et la nuit,

Fig. 14.

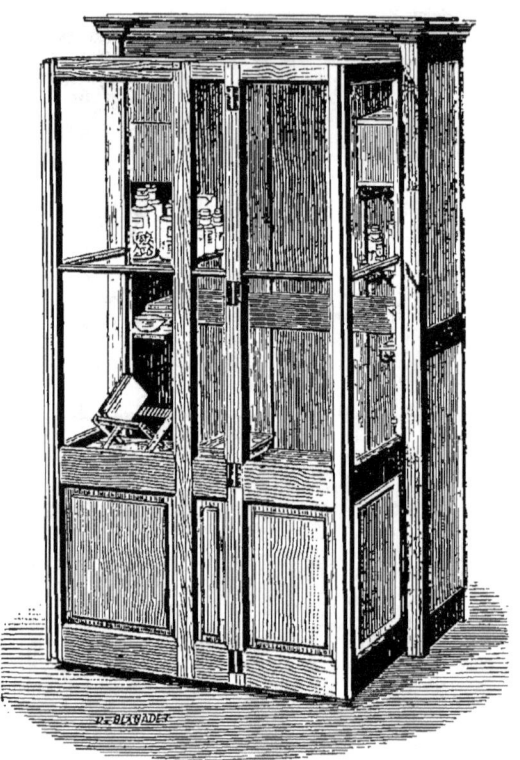

ou bien si elle est placée dans un lieu obscur, on l'éclaire avec une des lampes d'atelier dont il a été question plus haut.

Un réservoir étanche pour les eaux de lavage et autres produits liquides à rejeter se trouve placé dans un des coins de l'armoire, et un autre réservoir plein d'eau propre, placé sur un point élevé, sert aux lavages et autres opérations nécessitant un courant d'eau.

Tout a été prévu et dans d'excellentes conditions pour les personnes auxquelles il est utile de faire des reproductions photographiques, et qui manquent de la place nécessaire pour organiser un laboratoire.

Ce meuble si intelligemment compris complète donc d'une façon fort heureuse le matériel du touriste, de l'homme du monde, du savant, de l'artiste, ayant par occasion à faire de la photographie et ne voulant ou ne pouvant y consacrer que peu de place dans leur appartement.

CHAPITRE VIII.

**Nomenclature des appareils
et accessoires nécessaires à un touriste photographe.**

Il est difficile de préciser d'une façon complète tout ce qu'il faut à un touriste photographe.

Cela dépend de la nature de l'appareil choisi par lui et des procédés spéciaux qu'il compte employer.

Nous prendrons comme base de nos indications, non pas un des appareils extra-portatifs, tels que les chambres noires de poche, photo-revolver, jumelles photographiques, chambre automatique à pellicule sans fin de Stebbing, mais une chambre noire du format 13 × 18, telle que celle de M. Jonte ou de M. Martin, ou de M. Mackenstein, ou de M. Gilles, ou bien encore les chambres, d'un volume et d'un poids moindres, de M. Deyrolle ou de M. Dubroni.

Evidemment, le coût du matériel photographique variera suivant le choix des appareils adoptés.

Nous conseillons au touriste photographe sérieux de ne pas reculer devant une dépense de quelques centaines de francs de plus. Grâce à un bon choix d'appareils, il aura toutes les satisfactions possibles, tandis qu'une économie mal entendue ne pourrait que lui causer bien des insuccès et à leur suite un grand découragement, prélude d'un prompt abandon de la photographie.

Nous nous adressons ici, non pas à des enfants voulant jouer à la photographie, mais à des hommes sérieux, à des artistes et à des savants, à des explorateurs surtout, à qui les reproductions photographiques peuvent rendre de si nombreux services.

Cela dit, voici un rapide exposé du matériel indispensable :

1 chambre noire 13×18 à soufflet tournant et plaque dépolie à charnière, à choisir parmi les systèmes les plus appréciés. Nous avons indiqué quelques-uns des meilleurs constructeurs.

6 châssis doubles pour plaques, du type le moins volumineux.

1 voile noir en bon drap ou en velours.

1 pied à 3 prolonges rentrantes, solide et haut.

1 trousse d'objectifs à foyers multiples, telle que celle de M. Français.

Pour cet ensemble, y compris les étuis à courroies pouvant renfermer la chambre noire et les châssis, d'une part, et d'autre part le pied de l'appareil, il faut compter sur une dépense qui n'est pas loin de 450^{fr}.

A cela nous ajouterons un obturateur instantané et un photomètre négatif, ce qui portera le tout à une somme de 500^{fr}.

Voilà donc notre matériel normal acquis à l'aide d'un capital de 500^{fr}, et dans d'excellentes conditions de solidité et de perfection.

Il reste à monter l'atelier de développement et de fixage. Il devra contenir :

1 lanterne d'atelier Stebbing à suspension et éclairage de haut en bas.

1 lanterne portative à bougie ou à huile.

2 cuvettes en porcelaine format 18×24 pour le développement.

2 cuvettes en gutta 30×40 pour le fixage des négatifs et des positifs.

4 cuvettes 30×40 en porcelaine pour les lavages, virages, etc.

4 autres cuvettes en porcelaine, format 13×18.

Divers flacons pour les produits solides et liquides, soit 6 flacons à bouchon de liège, de 2^{lit}.

12 flacons (6 à bouchon de liège, 6 à l'émeri) de 1^{lit}.

12 cols droits à ouverture moyenne, de 2^{lit} pour les dissolutions d'hyposulfite de soude, d'oxalate de potasse, de sulfate de fer, de sel d'or, d'alun, etc.

Puis une vingtaine de flacons de 500^{cc} et tout

autant de 250^{cc} (moitié bouchés au liège, moitié à l'émeri), pour recevoir des produits divers destinés au renforcement, à la réduction des épreuves, etc.

Enfin, 2 à 3 douzaines de petits cols droits, à bouchon de liège et de formats assortis, depuis 151^{cc} jusqu'à 250^{cc}, pour divers produits solides.

Tout cela coûte environ 130^{fr} à 150^{fr}. On y joindra 4 châssis-presses 21 × 27, pour les tirages positifs, la lanterne à agrandissement Molteni, ce qui coûte encore 150^{fr}. Nous voici à 800^{fr}. Les 200 autres francs permettront de mettre des tablettes dans le petit laboratoire et de se munir encore des entonnoirs, verres à pied et à expériences, porte-entonnoirs, éprouvette graduée de 500^{cc}, etc.

Le prix du spectroscope de poche se trouve compris dans cet ensemble.

En somme, avec une première mise de fonds d'un millier de francs, un amateur sérieux peut être muni de tous les appareils et accessoires nécessaires à l'obtention d'excellentes épreuves négatives et positives.

Nous avons mis l'appareil d'agrandissement, bien qu'ayant pris pour base l'emploi d'une chambre noire 13 × 18. On peut certainement éviter cette dépense, si l'on ne compte jamais avoir d'agrandissements ou de projections à faire ; mais elle est indispensable si, au lieu d'une chambre 13 × 18, on se sert soit d'un appareil stéréoscopique, soit d'appareils divers donnant des épreuves de très petite dimension.

Quant aux produits, il ne saurait être établi à leur égard le moindre devis d'un coût quelconque, cette dépense variant avec le nombre plus ou moins grand des reproductions, soit négatives, soit positives.

Quant à la désignation de ces produits, elle se trouve dans toutes les formules que nous avons données; on se munira des produits exigés par le choix de tel ou tel autre procédé [1].

Actuellement, on trouve à acheter soit des plaques à la gélatine, soit des pellicules ou des papiers pelliculaires pour épreuves négatives, des papiers positifs tout sensibilisés pour épreuves sur papier albuminé, ou sur papier au platine, ou sur papier au charbon, et enfin sur papier au gélatinobromure.

Le touriste photographe n'a donc rien à préparer lui-même; il n'a, en définitive, qu'à exécuter les impressions, soit négatives, soit positives, à les développer, fixer, laver, agrandir ; mais il est débarrassé de toutes manipulations salissantes, maculant les doigts : la partie agréable de la besogne photographique est la seule qu'il ait à faire. Le développement à l'oxalate de fer est tout ce qu'il y a de plus commode et de plus propre;

---

[1] Nous en donnons plus loin une nomenclature succincte avec l'indication des prix moyens de vente.

CHAPITRE HUITIÈME.

nous le conseillons de préférence au développement à l'acide pyrogallique, pour la généralité des cas, parce qu'il ne salit pas les doigts.

Il est vrai qu'il tache le linge si on travaille sans protéger suffisamment les manchettes ou le plastron de la chemise; en ce cas, nous donnerons le moyen d'enlever ces taches ([1]).

Nous pensons qu'en dépensant en moyenne de 600^{fr} à 800^{fr} de produits divers par an, on peut arriver à faire un très grand nombre de clichés et à en tirer un nombre plus grand encore d'épreuves.

La main de papier sensibilisé extra coûte 18^{fr}; chaque feuille donnant 12 épreuves format album, cela fait 240 épreuves à la main et 720 épreuves format carte de visite. Admettons une moyenne de 300 négatifs 13×18, ils reviendront à peine à 0^{fr},75 l'un, tous frais de plaque et de développement, fixage, etc., compris; leur coût total sera donc 225^{fr}. Si de chacun de ces négatifs on tire 12 épreuves format album, on y emploiera 10 à 12 mains de papier, — mettons 12 pour faire la part des déchets, — ce qui coûtera $12 \times 18 = 146^{fr}$. Le coût du fixage et virage de 12 mains de papier peut être évalué à un maximum de 8^{fr} à 10^{fr} par main, soit, pour les mains, 120^{fr}.

([1]) On les mouille localement avec de l'eau acidulée d'acide oxalique 5 pour 100 et additionnée de 5 pour 100 de carbonate de soude ou de potasse pour neutraliser l'effet de l'acide oxalique qui détruirait le linge dans les parties tachées.

Totalisant ces trois résultats, nous arrivons à 500^{fr} environ, après avoir imprimé 300 négatifs et 2700 positifs. La marge est donc considérable encore pour arriver au maximum de 800^{fr}, que nous indiquions tantôt.

Ce plaisir est donc peu coûteux, et l'on est amplement dédommagé de ses dépenses par la satisfaction que l'on trouve dans la photographie. Nous en appelons à tous les amateurs sérieux, sans crainte d'être contredit par eux.

Nous revenons à la fin de l'Appendice (page 218) sur la question relative au choix et au coût d'un appareil et des accessoires et produits photographiques, on y trouve un devis approximatif sensiblement moins élevé que celui qui est indiqué dans ce chapitre, de façon à limiter au minimum, la dépense première pour les personnes désireuses d'être bien outillées, tout en restreignant le plus possible les frais d'installation.

APPENDICE.

Depuis l'apparition de la première partie de cet ouvrage, de nombreux perfectionnements de toute nature ont été apportés, soit aux procédés, soit aux appareils, nous avons cru devoir compléter ce travail en groupant dans un appendice l'ensemble des principales indications relatives à ces progrès.

De nombreux essais ont été faits pour l'emploi de révélateurs plus énergiques que ceux qui ont été décrits dans la première partie du *Manuel du Touriste photographe*.

RÉVÉLATEUR.

Ceux dont nous avons donné les formules conviennent très bien au développement des plaques ou pellicules sensibles exposées durant un temps suffisant, mais quand on fait usage des obturateurs dits instantanés, il est fort rare que l'on puisse arriver à l'obtention d'un cliché assez intense en recourant à l'emploi des révélateurs ordinaires à l'oxalate ferreux ou à l'acide pyrogallique, surtout si l'on a opéré avec l'aide d'une lumière un peu trop faible.

En pareil cas, il est utile de connaître, pour en faire usage, des formules de révélateurs plus énergiques; nous recommandons les suivantes :

RÉVÉLATEURS DIVERS.

1. *Révélateur avec addition de sulfite de soude ou de potasse.* — Faire une dissolution aqueuse saturée de sulfite de soude ou de potasse. On ajoute de cette solution légèrement acide et que l'on doit conserver à l'abri de l'air, 5^{cc} par 100^{cc} de développateur.

Le mieux est de procéder au développement avec l'oxalate ferreux sans sulfite, puis, si la pose a été insuffisante, on ajoute ce produit et l'on voit venir immédiatement les détails.

L'introduction de sulfite de soude ou de potasse dans le révélateur a pour effet de maintenir celui-ci limpide bien plus longtemps, et de permettre d'en user sans déperdition appréciable d'énergie pour le développement de plusieurs plaques successivement.

2. *Révélateur alcalin contenant du sulfite d'ammoniaque* ([1]). — Ce révélateur convient aux plaques très peu exposées.

A. Dissolvez 10 parties d'acide pyrogallique et 25 à 30 parties de sulfite d'ammoniaque dans 100 parties d'eau.

([1]) Indiqué par M. le docteur Eder.

B. Dissolvez 5 parties de bromure d'ammonium dans 150 parties d'eau et ajoutez 50 parties d'ammoniaque liquide.

Pour développer, mélanger 100^{cc} d'eau, 4^{cc} de la solution A et 4^{cc} de la solution B. La révélation se produit rapidement ; mais si l'on désire la ralentir, on ajoute une quantité d'eau plus grande, soit environ 50^{cc} en plus.

L'on obtient ainsi des images d'une grande douceur.

Mais si l'on désire des images plus vigoureuses, on ajoute quelques gouttes d'une solution à 10 pour 100 de bromure d'ammonium.

Le sulfite d'ammoniaque rend la solution aqueuse d'acide pyrogallique plus stable que lorsqu'on fait usage de sulfite de soude et il y a avec ce composé une moindre tendance au voile.

3. *Révélateur alcalin au carbonate de soude.* — L'on fait dissoudre du carbonate de soude ordinaire à raison de 10^{gr} pour 100^{cc} d'eau, on ajoute à la solution 3^{gr} de sulfite de soude.

On étend ce mélange de 100^{cc} d'eau et l'on y introduit la plaque à développer. Après quelle y a séjourné de 2^{min} à 4^{min}, on la sort et l'on ajoute une petite pincée d'acide pyrogallique, celui-ci une fois dissous, l'on introduit la plaque dans le liquide et l'on voit le développement se produire immédiatement et monter vers une bonne intensité.

On peut employer le carbonate de potasse au lieu du carbonate de soude ou bien simultanément ces deux carbonates moitié par moitié et toujours avec addition de sulfite de soude ou de potasse, ainsi qu'il a été indiqué plus haut.

Pour des poses instantanées forcer la dose de carbonate, de façon à avoir un révélateur plus concentré; mais, pour des poses en excès, supprimer le sulfite de soude, introduire dans le révélateur quelques gouttes d'une dissolution de bromure de potassium ou d'ammonium à 10 pour 100, mettre le carbonate de potasse en moindre quantité, et ménager aussi la quantité d'acide pyrogallique.

On peut de la sorte et suivant les écarts de la pose graduer le révélateur, de façon à l'harmoniser avec les besoins de l'opération.

A l'aide de ce révélateur on arrive mieux encore qu'avec l'oxalate ferreux additionné de sulfite, à pousser graduellement un négatif peu posé jusqu'à l'intensité convenable et sans qu'il soit nécessaire de recourir à aucun renforcement ultérieur.

4. *Révélateur concentré de M. Macdougald.* — La maison Marion et Cie ([1]), vend des solutions concentrées enfermées dans des tubes de verre bouchés à la lampe et fort commodes à emporter en voyage.

([1]) 22, Soho Square, Londres W.

APPENDICE. 133

Ces tubes sont en effet enfermés dans de petits

Fig. 15.

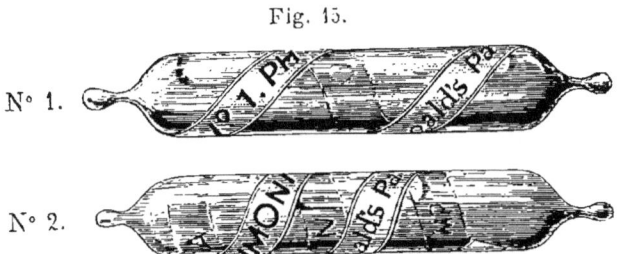

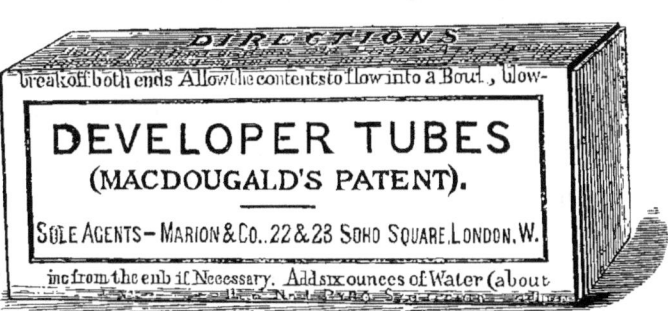

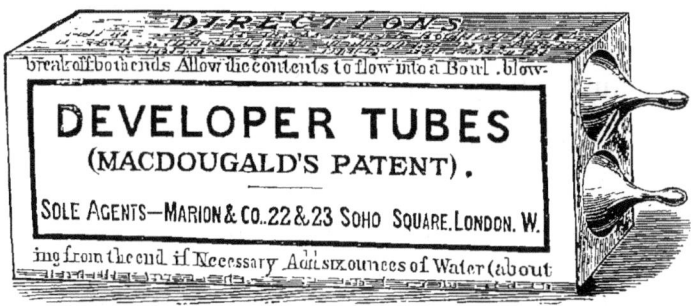

blocs de bois où ils sont à l'abri de toute rupture.

L'un des tubes (n° 1) contient une solution alcoolique d'acide pyrogallique.

L'autre (n° 2) contient de l'ammoniaque liquide et sans doute un bromure alcalin.

Veut-on procéder au développement, on brise l'extrémité de chacun des tubes et l'on en verse le contenu dans deux flacons contenant chacun une quantité d'eau convenable.

Il y a des tubes de deux dimensions différentes : les uns, les plus petits contiennent ce qu'il faut pour préparer 360^{cc} de développement et les autres 720^{cc}.

Il va sans dire que chacun des mélanges d'eau et du contenu des deux tubes est conservé à part et qu'on ne réunit moitié par moitié les deux solutions qu'au moment de faire le développement.

L'immense avantage que présentent au voyageur ces tubes renfermant des dissolutions concentrées, c'est qu'il peut emporter, sans danger de rupture et sous un très faible volume un développateur très facile à employer et pour une quantité de plaques considérable [1].

VERNIS A FROID DE LA MAISON PARRAYON [2].

Nous recommandons ce vernis excellent, qui dispense de chauffer les plaques tout en donnant, employé à froid, une surface très brillante et très dure.

---

[1] *Voir*, page 202. Révélateur au sous-carbonate de soude.
[2] Dépôt chez Mme Ve Plasse, 323, rue de Charenton, Paris.

Dans bien des cas, c'est un inconvénient, surtout dans l'exécution des clichés pelliculaires, d'avoir à chauffer les négatifs que l'on désire vernir. L'emploi du vernis ci-dessus, très siccatif d'ailleurs, dispense de tout recours à une élévation de la température.

CONTROLE CHRONOMÉTRIQUE DES POSES INSTANTANÉES.

Sur nos indications, M. Léon Baluze a construit un contrôleur chronométrique des diverses rapidités des obturateurs dits instantanés. Cet appareil consiste en un cadran gradué en 600 divisions et en subdivisions tracées en traits blancs sur un fond noir, une aiguille blanche est mue par un moteur disposé de telle sorte qu'elle accomplisse une révolution entière en une seconde. Arrivée à son point de départ elle s'arrête spontanément et il suffit, pour lui faire faire un nouveau tour de cadran, de l'actionner à l'aide d'une poire pneumatique.

Pour user de cet appareil on le place en face de la chambre noire, on met bien au point sur les divisions blanches, puis tenant dans une main la poire du contrôleur et dans l'autre celle de l'obturateur (une plaque sensible ayant été mise au foyer de la chambre noire) on presse successi-

---

[1] Léon Baluze, 52, rue des Tournelles, Paris.

vement les deux poires en commençant par celle du contrôleur.

L'aiguille est alors reproduite pendant son mou-

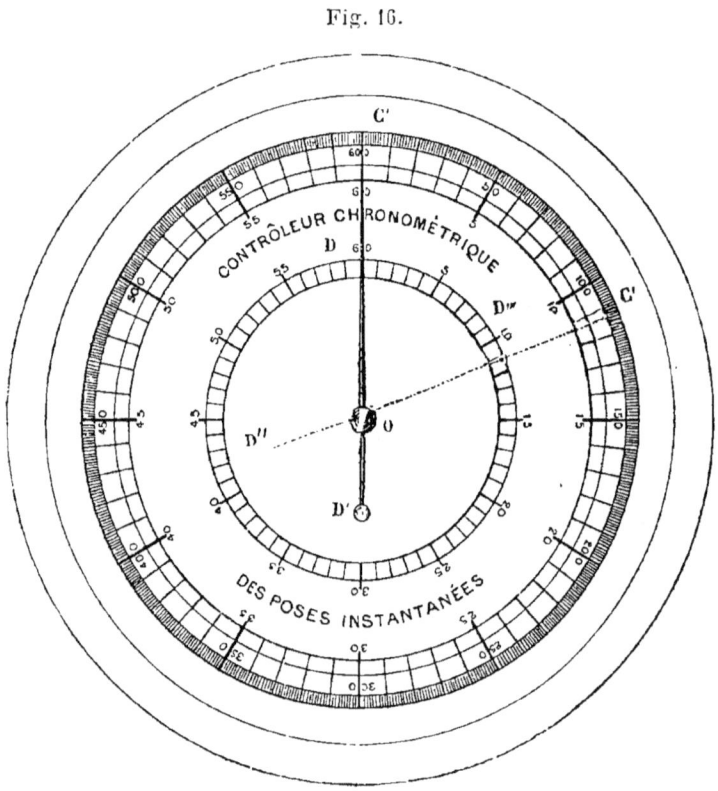

Fig. 16.

vement de rotation autour de l'axe O, et si la durée de sa révolution a bien été d'une seconde, la marche étant d'autre part très régulière, il est clair que si la traînée lumineuse embrasse un angle de 6 divisions extrêmes, c'est que l'obturateur a

APPENDICE. 137

laissé fonctionner l'objectif pendant $\frac{6}{600}$ de seconde soit durant $\frac{1}{200}$ de seconde.

Il est donc de toute nécessité, pour que ce con-

Fig. 17.

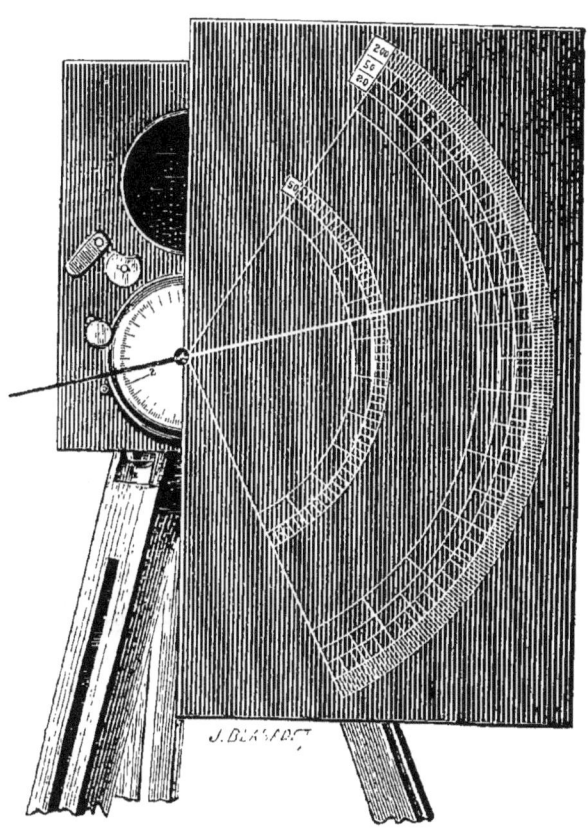

trôleur soit un guide certain, qu'il soit construit avec la plus grande précision possible.

Les personnes qui posséderaient un obturateur

chronométrique de M. Paul Boca pourraient aisément le transformer au besoin en un contrôleur chronométrique des poses instantanées, en le disposant ainsi que nous l'avons fait et comme l'indique la figure 17 :

Dans ce cas encore il importe que le mouvement de translation de l'aiguille du n° 1 au n° 2 du cadran, soit pour un tiers de la circonférence, ait bien exactement la durée d'une seconde.

Mais dans la pratique on peut se contenter d'indications moins rigoureuses. Il est évident que s'il y a un vice d'exécution dans l'un ou l'autre de ces deux appareils, la différence qui pourrait en résulter ne saurait être que d'une fraction minime de seconde sur la marche régulière ou sur la durée de la révolution complète.

Admettons une avance ou un retard de deux dixièmes de seconde; ce retard ou cette avance, pour un obturateur animé d'une vitesse d'un soixantième de seconde, se traduira par les différences de un soixantième plus le soixantième de deux dixièmes, ou moins six soixantièmes de deux dixièmes de seconde, quantité ou durée absolument négligeables.

La plupart du temps on apprécie à l'œil la durée des expositions instantanées et l'on fournit des indications très fantaisistes.

Le moindre recours à un appareil de contrôle tel que celui que nous venons d'indiquer, suffirait

APPENDICE. 139

pour donner avec une précision plus sérieuse la durée très approximativement exacte de la pose instantanée.

M. de la Baume-Pluvinel a fait à la Société française de Photographie une intéressante communication, (le 5 décembre 1884) que nous reproduisons ici en entier, relative au moyen de déterminer les temps de pose des obturateurs instantanés à l'aide de la chute d'un corps dans l'espace.

Cette méthode n'est pas neuve, mais nous devons savoir gré à M. de la Baume-Pluvinel d'avoir fait une série de calculs permettant d'arriver tout de suite à l'appréciation de la vitesse d'un obturateur sans avoir à faire soi-même ces calculs assez difficiles pour quiconque est peu familier avec les opérations mathématiques.

L'auteur de cette communication affirme que le procédé qu'il indique se recommande par son entière simplicité et par son exactitude, qui, dit-il, ne le cède en rien à celle des autres méthodes.

De cela nous pouvons douter, car il est très difficile de déterminer bien exactement les points B et C, tandis que l'emploi des appareils à cadran donne le moyen d'avoir, près du centre de rotation de l'aiguille, des lignes nettement tracées et dont le prolongement jusqu'aux divisions du cadran indique très exactement la durée du parcours.

Quoi qu'il en soit, la méthode ayant pour base

la chute libre d'un corps dans l'espace, corps que l'on reproduit durant cette chute, a du bon et il convient de la donner tout au long.

Nous laissons la parole à M. de la Baume-Pluvinel.

« Voici le principe sur lequel je m'appuie. Je prends une sphère pesante, je la laisse tomber d'une certaine hauteur et, pendant sa chute, je la photographie. Si la pose était infiniment courte, j'obtiendrais sur le cliché, comme image de la sphère, un cercle parfait. Mais si la pose dure quelque temps, la sphère tombe d'une certaine quantité pendant que l'objectif reste ouvert et j'obtiens, au lieu d'un cercle, une sorte de traînée dont la longueur dépend du temps de pose et peut lui servir de mesure.

« Voici maintenant comment je dispose l'expérience. J'établis dans un endroit fortement éclairé par le soleil un rideau noir de 2^m à 3^m de hauteur. Devant ce rideau, je place verticalement le ruban d'un décamètre qui constitue une échelle divisée en centimètres se détachant en blanc sur le fond noir. C'est le long de cette échelle que je ferai tomber la sphère pesante. Cette sphère doit être de préférence en cuivre argenté.

« Le soleil, en se réfléchissant sur cette boule, donne un point très lumineux qui laisse, sur la couche sensible, une trace très nette et très visible. On peut également se servir, quoique moins avantageusement, d'une bille de billard.

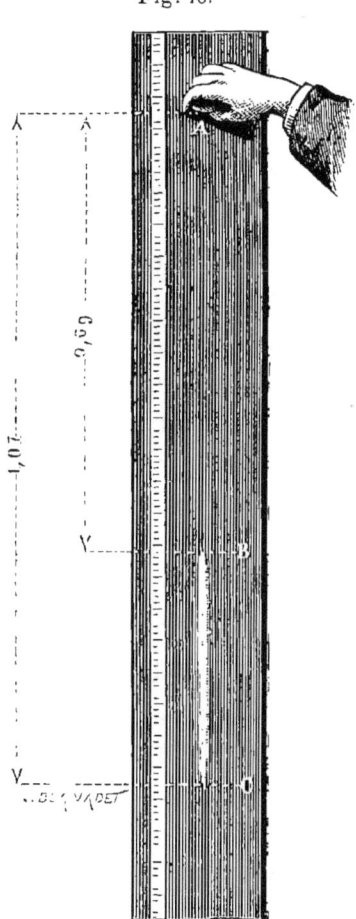

Fig. 18.

« Ces préparatifs étant faits, on dispose l'appareil photographique à une distance du rideau noir telle, que l'on puisse le photographier en entier et l'on met au point sur les divisions de l'échelle. On dispose la glace sensible ainsi que l'obturateur instantané et l'on prolonge le tube en caoutchouc ou le fil électrique qui commande le déclanchement, de manière à pouvoir faire fonctionner l'obturateur, même lorsque l'on est placé dans le voisinage du rideau noir. On prend ensuite la sphère dans la main droite et on la tient à la partie supérieure de l'échelle divisée à côté de celle-ci. Puis on laisse tomber la boule et, immédiatement après, on fait manœuvrer, avec la main gauche, le système de déclanchement de l'obturateur. Il faut naturellement que la boule soit déjà en train de tomber lorsque l'objectif se découvre et qu'elle ne soit pas encore à terre lorsque l'objectif se ferme. Ces conditions sont d'ailleurs très faciles à réaliser dans la pratique.

« Le cliché étant obtenu, voyons comment on peut l'utiliser pour calculer la durée de la pose.

« On détermine d'abord vis-à-vis de quelles divisions de l'échelle se trouvent les points A, point de départ de la boule, B, commencement de la traînée, et C, fin de la traînée. On déduit de là l'espace AB désigné par e, que la boule a parcouru depuis le moment où elle a été abandonnée à elle-même et le moment où l'objectif a commencé à être ouvert, et de même l'espace AC désigné par e', que la boule a parcouru depuis le moment où elle a été abandonnée à elle-même et le moment où l'objectif a été fermé.

« Ceci posé, nous savons, d'après les lois de la gravité, que t, le temps employé à parcourir l'espace e, est donné par la formule

$$t = \sqrt{\frac{2e}{g}},$$

formule dans laquelle g est l'intensité de la pesanteur dans le lieu où l'on opère. On a de même

$$t' = \sqrt{\frac{2e'}{g}}.$$

« Ayant ainsi le temps que met la boule à parcourir AB et le temps qu'elle met à parcourir AC, on a, par différence, le temps qu'elle met à parcourir BC, c'est-à-dire le temps pendant lequel l'objectif est resté ouvert, ou la durée de la pose. Donc l'expression du temps de pose est

$$T = t' - t = \sqrt{\frac{2e'}{g}} - \sqrt{\frac{2e}{g}} = \sqrt{\frac{2}{g}}(\sqrt{e'} - \sqrt{e}).$$

Mais $\sqrt{\frac{2}{g}}$ est un facteur constant que l'on peut calculer une fois pour toutes et qui est égal, pour Paris, à 0,045 155. On a donc, en définitive,

$$T = 0,045\,155\,(\sqrt{e'} - \sqrt{e}).$$

DEUXIÈME PARTIE.

formule dans laquelle e et e' doivent être exprimés en centimètres. Mais, dans la plupart des cas, cette formule est incommode à calculer; aussi ai-je dressé une table que l'on trouvera ci-dessous et qui donne, en regard des espaces parcourus par un corps en tombant librement, les temps employés à les parcourir. Cette table s'étend de 0^m à 3^m; de 0^m à 1^m, les durées de chute sont indiquées de cinq en cinq centimètres et, de 1^m à 3^m, de dix en dix centimètres Si l'on veut des durées de chute correspondant à des nombres intermédiaires, on fait une interpolation et, pour la faciliter, j'ai indiqué la correction qu'il faut faire pour chaque espace de $0^m,01$.

Appliquons cette méthode au cas de la figure.

Les données sont

$$e = 0^m,69, \quad e' = 1^m,07.$$

On trouve dans la table que

    Pour $0^m,65$ de chute............ $t = 0^s,36405$
    Pour $0^m,04$ en plus............ $t = 0^s,01100$

d'où

    Pour $0^m,69$ de chute............ $t = 0^s,37505$

De même

    Pour $1^m,00$ de chute............ $t = 0^s,45155$
    Pour $1^m,07$ en plus............ $t = 0^s,01540$

d'où

Pour 1ᵐ,07 de chute........... $t = 0^s,46695$

On déduit de là

$$T = t' - t = 0^s,09190.$$

L'inspection de la table montre qu'il y a avantage, au point de vue de la précision, à augmenter autant que possible la longueur de la chute de la boule et à ne découvrir l'objectif que lorsque la sphère a déjà parcouru 1ᵐ au moins. Dans ces conditions, il suffit d'évaluer les longueurs e et e' à 0ᵐ,01 près, pour avoir le temps de pose à $\frac{1}{500}$ de seconde.

Je recommanderai en dernier lieu d'employer une sphère très pesante, sans quoi la résistance de l'air retarderait la chute de la boule et la formule indiquée ne pourrait plus être considérée comme exacte.

Enfin je ferai remarquer que l'on peut, en envisageant l'expérience à un autre point de vue, obtenir une démonstration très rigoureuse de la loi de la chute des corps.

DEUXIÈME PARTIE.

Table pour déduire de la vitesse de chute des corps les temps de pose que donnent les obturateurs instantanés.

Espaces parcourus.	Temps employés à les parcourir.	Correction pour 1cm.	Espaces parcourus.	Temps employés à les parcourir.	Correction pour 1cm.
m	s	s	m	s	s
0,05..	0,10097	0,00836	1,00..	0,45155	0,00220
0,10..	0,14279	0,00622	1,10..	0,47359	0,00211
0,15..	0,17389	0,00561	1,20..	0,49465	0,00202
0,20..	0,20194	0,00477	1,30..	0,51484	0,00194
0,25..	0,22577	0,00431	1,40..	0,53428	0,00188
0,30..	0,24732	0,00396	1,50..	0,55304	0,00181
0,35..	0,26714	0,00369	1,60..	0,57117	0,00176
0,40..	0,28558	0,00347	1,70..	0,58875	0,00170
0,45..	0,30291	0,00328	1,80..	0,60582	0,00166
0,50..	0,31930	0,00312	1,90..	0,62242	0,00162
0,55..	0,33488	0,00298	2,00..	0,63859	0,00158
0,60..	0,34977	0,00286	2,10..	0,65436	0,00154
0,65..	0,36405	0,00275	2,20..	0,66976	0,00150
0,70..	0,37779	0,00265	2,30..	0,68481	0,00147
0,75..	0,39105	0,00257	2,40..	0,69954	0,00144
0,80..	0,40388	0,00249	2,50..	0,71395	0,00141
0,85..	0,41631	0,00241	2,60..	0,72810	0,00139
0,90..	0,42838	0,00235	2,70..	0,74197	0,00136
0,95..	0,44012	0,00229	2,80..	0,75559	0,00134
1,00..	0,45155		2,90..	0,76896	

NÉCESSITÉ DE DÉTERMINER TOUJOURS LA DURÉE DES EXPOSITIONS NÉCESSAIRES POUR CHAQUE OBJECTIF, SUIVANT SA DISTANCE FOCALE ET L'OUVERTURE DES DIAPHRAGMES, UNE SENSIBILITÉ CONNUE ÉTANT PRISE POUR UNITÉ.

Le plus souvent l'on procède au hasard dans la détermination de la durée de la pose, et nous connaissons très peu d'amateurs capables de nous dire, si nous leur adressions cette question : « Combien posez-vous en plein soleil avec votre objectif et avec chacun des diaphragmes, en employant telle plaque sensible d'une rapidité connue ? »

La plupart des réponses sont faites un peu en l'air ; elles manquent de précision, parce que les diaphragmes dont on fait usage ne portent pas écrite l'indication de leur diamètre, parce que l'on est convenu que, s'il faut bien doser les grammes et décigrammes des produits concourant à la formation de telle ou telle formule, il importe peu de préciser la durée de l'exposition avec une approximation convenable. On compte sur le hasard, qui favorise quelquefois, en effet, les opérations, mais qui, le plus souvent, nous trompe absolument.

Quand on reçoit un objectif, on a en même temps, soit attenant à cet objectif, soit à part, une série de diaphragmes d'ouvertures diverses.

Il est fort rare que sur ces diaphragmes le fabricant ait inscrit le diamètre de l'ouverture.

Il convient donc de mesurer exactement les ouvertures et d'en graver le diamètre, en nombre de millimètres, sur chacune des plaques.

Nous conseillons même de faire mieux que cela encore, en indiquant sur chacun des diaphragmes ; le premier, c'est-à-dire le plus grand, étant pris pour unité, en indiquant le rapport de la durée de la pose pour chacun des autres diaphragmes substitué au premier.

Par exemple, si nous avons la série suivante :

$$12^{mm}, \quad 8^{mm}, \quad 6^{mm}, \quad 4^{mm},$$

nous faisons le carré de chacun de ces diamètres, ce qui nous donnera

$$144^{mmq}, \quad 64^{mmq}, \quad 36^{mmq}, \quad 16^{mmq}.$$

D'où nous déduisons, le premier diaphragme étant pris pour unité :

$$1^s, \quad 2^s, \quad 4^s, \quad 9^s,$$

ce qui veut dire que si, avec le premier diaphragme, ayant une ouverture de 12^{mm} de diamètre, soit de 144^{mmq}, nous posons 1^s, toutes choses égales d'ailleurs, nous devrons poser 2^s avec le deuxième diaphragme, qui a un diamètre de 8^{mm}, soit une surface de 64^{mmq}, ce qui est la moitié environ de 144.

Avec le troisième diaphragme qui a 6^{mm} de diamètre, soit une surface de 36^{mmq}, nous poserons 4 fois plus, soit 4^s, puisque cette surface est le quart de 144, et enfin, avec le quatrième diaphragme, dont le diamètre est de 4^{mm}, ce qui donne 16^{mmq} comme surface, nous poserons 9 fois plus, soit 9^s, 16 étant contenus 9 fois dans 144.

APPENDICE.

Ainsi, à côté du chiffre indiquant le diamètre de l'ouverture, il sera bon de marquer les durées d'exposition par rapport à l'unité adoptée pour le premier diaphragme, soit le plus grand.

Pour donner un exemple plus complet encore, nous prendrons pour base la trousse Français, contenant un objectif à foyers multiples, avec lequel on peut former neuf combinaisons distinctes.

Il y aura lieu de mesurer exactement les huit diaphragmes joints à cette trousse, et voici ce que nous aurons à inscrire sur chaque diaphragme :

Diamètre	n° 1 = 35^{mm}.	Rapport.	. . .	1
»	n° 2 = 29^{mm}.	»	. . . .	1.5
»	n° 3 = 24^{mm}.	»	. . . .	2
»	n° 4 = 18^{mm}.	»	. . . .	4
»	n° 5 = 13^{mm}.	»	. . . .	7
»	n° 6 = 9^{mm}.	»	. . . .	15
»	n° 7 = 5^{mm}.	»	. . . .	49
»	n° 8 = 3^{mm}.	»	. . . .	136

On voit, par ces indications, que, si nous employons le 7e diaphragme ayant un diamètre de 5^{mm}, nous aurons à poser 49 fois plus qu'avec le n° 1, qui a un diamètre de 35^{mm}.

Avec le n° 8, dont le diamètre n'est que de 3^{mm}, il faudrait poser, toutes choses égales d'ailleurs, 136 fois plus qu'avec le n° 1.

Il est facile de concevoir combien il est urgent de tenir compte de ces données, avec précision, pour l'appréciation exacte de la durée de la pose, suivant que l'on fait usage de tel ou tel diaphragme.

Mais il convient de faire mieux encore, en inscrivant sur une petite carte que l'on insère dans son portefeuille la durée de l'exposition en pleine lumière pour chaque objectif dont on se sert, en tenant compte de la distance focale normale afférente à chacune des combinaisons optiques.

Nous entendons par distance focale normale celle où se forme, sur la plaque dépolie, l'image d'un plan éloigné de la chambre noire à 100^m environ et au delà.

Dans ce cas, on prend pour base de la sensibilité du produit celle d'une préparation connue; la rapidité des plaques Monckhoven, qui est très régulière, peut servir de point de comparaison, et l'on établit la table suivante, en prenant pour le diaphragme afférent à chaque combinaison celui indiqué par M. Français, comme étant le plus grand qu'il puisse comporter.

On trouvera à la page 95 de la première partie de ce Manuel un tableau publié par M. Français, où se trouvent donnés les foyers des diverses combinaisons de son objectif rectilinéaire à foyers multiples, en même temps que le numéro du plus grand diaphragme qui peut aller avec chacune de ces combinaisons.

Ce tableau nous a servi à établir celui-ci dans l'ordre des rapidités successives.

APPENDICE.

ANGLE embrassé	NUMÉRO de la combinaison	Ouverture du diaphragme	DISTANCE focale	DURÉE MOYENNE D'EXPOSITION		
				en pleine lumière	en lumière moyenne	en lumière faible
60°	1re (¹)	35mm	36cm	$\frac{1}{4}$ de seconde.	1″,50	0′ 9″
60°	3e	18mm	25c	$\frac{1}{2}$ »	3″	0′18″
90°	6e	9mm	13cm	$\frac{1}{2}$ »	3″	0′18″
90°	4e	13mm	19cm	$\frac{1}{2}$ »	3″	0′18″
60°	2e	18mm	28cm	$\frac{2}{3}$ »	4″	0′24″
90°	5e	9mm	16cm	$\frac{5}{10}$ »	3″	0′18″
50°	7e	13mm	40cm	2 »	12″	1′12″
50°	9e	9mm	25cm	2 »	12″	1′12″
50°	8e	9mm	30cm	3 »	18″	1′48″

Il s'agit, dans ce tableau, de *la pleine lumière*, ce qui signifie un plein soleil ou une lumière réfléchie par des nuages blancs et très belle.

Si, au lieu d'avoir une lumière aussi intense, on n'a qu'une lumière moyenne ou une lumière faible, deux degrés d'intensité que l'on peut à peu

---

(¹) En employant la première combinaison avec le diaphragme n° 2 qui a 29mm de diamètre, la durée de l'exposition serait de $\frac{1}{3}$ de seconde.

Mais ces durées sont susceptibles d'être diminuées notablement, soit en employant un produit plus sensible que celui qui a servi de base à notre appréciation, soit en recourant à des procédés de révélation plus énergiques que les révélateurs usuels. On peut alors, au lieu de $\frac{25}{100}$ de seconde (ou $\frac{1}{4}$), ne poser que $\frac{2}{100}$ de seconde, soit 10 à 12 fois moins.

près apprécier ou juger, la durée de l'exposition variera dans les rapports de 6 à 1 ou de 36 à 1, ce qui veut dire que nous admettons une intensité 6 fois moindre pour la lumière dite *moyenne*, et 36 fois moindre pour la lumière dite *faible*.

En ce cas, la durée de l'exposition pour la première combinaison sera de 1^s, 30, au lieu de $\frac{1}{4}$ pour la lumière moyenne, et de 9^s pour la lumière faible.

Et ainsi de suite.

Nous avons fait le calcul en prenant les plus grands diaphragmes, mais il convient de compléter le travail en indiquant les variations de la durée de la pose pour chaque diaphragme en dessous du plus grand. Ainsi, pour la première combinaison, le diaphragme étant celui de 35^{mm} de diamètre, il y a à calculer la pose pour les sept autres diaphragmes en dessous, ce qui nous donnera la série suivante :

		DURÉE DE L'EXPOSITION EN LUMIÈRE		
		pleine	moyenne	faible
Diaphragmes	n° 2 = 29^{mm}..	$0^s 21^t$	$2^s\ 6^t$	$12^s 36^t$
»	n° 3 = 24^{mm}..	$0^s 30^t$	3^s	18^s
»	n° 4 = 18^{mm}..	1^s	6^s	36^s
»	n° 5 = 13^{mm}..	$1^s 45^t$	$9^s 50^t$	$1^m\ 3^s$
»	n° 6 = 9^{mm}..	$3^s 45^t$	$12^s 50^t$	$2^m 15^s$
»	n° 7 = 5^{mm}..	$12^s 30^t$	75^s	$7^m 30^s$
»	n° 8 = 3^{mm}..	34^s	$3^m 24^s$	$20^m 24^s$

Nous nous bornons à cette première série, mais il convient de les inscrire toutes les neuf pour

APPENDICE.

avoir un guide approximatif immédiat quand on opère sur nature.

Nos tables des temps de pose dispensent de faire ces calculs, ils s'y trouvent faits pour répondre à tous les besoins courants.

Il va sans dire qu'en usant de notre photomètre négatif ([1]), on arrivera avec plus de précision à déterminer la durée de la pose. Les appréciations au jugé, pour savoir si la lumière est moyenne ou faible, laissent à l'erreur une part considérable, que l'on évite en employant le photomètre.

Dans la série relative à la première combinaison l'on voit que si, par une lumière faible, l'on use des diaphragmes ayant 5^{mm} ou 3^{mm} de diamètre, l'on arrive à des durées d'exposition très longues de 7^m et de 20^s, au lieu des durées de quelques secondes qui correspondent aux diaphragmes ayant 29^{mm}, 24^{mm}, 18^{mm} et même 13^{mm} de diamètre.

Grâce à ces quelques données que l'opérateur devra fréquemment consulter, il évitera de sérieux mécomptes, il ne sera plus exposé à tous les insuccès si nombreux qui résultent de l'absence de toute indication précise quant à la durée de la pose.

Si usant, par exemple, du plus petit diaphragme n° 8, de 3^{mm} de diamètre, il a remarqué qu'une demi-minute de pose lui suffisait en plein soleil,

([1]) En vente avec le *Calcul des temps de pose* (Paris, librairie Gauthier-Villars).

saura-t-il, sans consulter un tableau spécial, que, par une lumière faible, il lui faudra poser 136 fois 9^s, soit $20^m 24^s$, au lieu de 34^s ?

Il est évident qu'il faut se familiariser avec des durées aussi diverses, suivant que l'on a recours à tel ou tel diaphragme et aussi suivant l'intensité de la lumière.

C'est pourquoi nous recommandons avec une telle insistance l'étude de cette question si importante ; c'est pourquoi aussi nous invitons les excursionnistes à se munir de petits tableaux indicateurs établis d'après les bases qui viennent d'être fournies avec d'assez longs détails.

Nous ne saurions trop le dire et le redire :

Actuellement, l'on trouve des appareils excellents, des plaques sensibles parfaites ; les révélateurs d'un emploi sûr et facile abondent. Que faut-il de plus pour qu'un amateur photographe obtienne le succès le plus constant ? Il faut qu'il sache déterminer la durée de l'exposition avec la plus grande approximation possible.

C'est là la seule opération pour laquelle on est généralement le moins bien au courant. Le plus souvent, non seulement on est étranger à la connaissance exacte de l'ouverture des diaphragmes, mais on ignore encore la distance focale exacte à laquelle se forme l'image dans la chambre noire, surtout quand l'objet, le groupe à reproduire se trouvent plus ou moins rapprochés de la chambre

APPENDICE.

noire. Nous croyons donc nécessaire d'entrer dans quelques détails sur cette question du foyer et sur les précautions à prendre en ce qui concerne cette donnée essentielle des opérations photographiques.

DISTANCE FOCALE, VARIATIONS DE LA DURÉE DE L'EXPOSITION SUIVANT QUE CETTE DISTANCE EST PLUS OU MOINS GRANDE.

Nul n'ignore que, suivant que l'image se forme sur un plan plus ou moins rapproché de l'objectif, il y a lieu de poser plus ou moins. Mais, si l'on sait cela, il est rare qu'on tienne un compte suffisamment exact des variations de cette distance focale pour un même objectif ou pour des objectifs différents. Il résulte de cette négligence ou de cet oubli, le mot importe peu, que l'on se trompe très souvent dans la durée de la pose. Prenons pour exemple la trousse Français, qui contient, on le sait des lentilles propres à la formation de neuf combinaisons diverses allant depuis $0^m,40$ de foyer jusqu'à $0^m,13$.

Il est évident que, le foyer de $0^m,13$ étant beaucoup plus court que celui de $0^m,40$, il y aurait lieu de poser beaucoup moins qu'avec cette dernière combinaison, mais dans quel rapport?

C'est là ce que l'on ignore.

Le calcul sur nature, au moment d'opérer, rebute l'amateur; ou il ne sait pas faire ce calcul, ou bien il aime mieux s'en rapporter au hasard avec l'aide d'une appréciation approximative basée sur l'éclat plus ou moins lumineux avec lequel lui apparaît l'image sur le verre dépoli. Il fera donc erreur infailliblement s'il se fie au hasard.

Pour n'avoir pas à mesurer les variations focales chaque fois qu'il s'en produit, il devra, dès que l'appareil lui a été livré par le fabricant, tracer sur la planchette de base deux graduations distinctes ; sur l'un des côtés, il gravera avec une pointe d'acier des traits de centimètre en centimètre, en partant du point occupé par le diaphragme de l'objectif, et des chiffres de 5 en 5 et de 10 en 10 pour pouvoir lire aisément la distance focale.

Sur l'autre côté de la planchette, il gravera une graduation bien utile, surtout pour les appareils de poche et d'excursion, laquelle consiste dans une indication du foyer pour des distances connues depuis $0^m,50$ de l'objectif jusqu'à l'infini. Cette graduation donnera, par exemple, le foyer de l'image d'un objet placé à $0^m,50$ de l'objectif, puis à $0^m,75$, puis successivement à 1, 2, 3, 4, 5, 6, 8, 10, 15, 20, 25 mètres, etc., de l'objectif en un mot jusqu'au moment où la mise au point demeurera invariable pour tous les plans ultérieurs.

Pour exécuter cet utile travail, que bien à tort l'on néglige le plus généralement de faire, on se sert d'une planchette sur laquelle on a fixé un imprimé portant de très petits et de très gros caractères, et l'on place cette planchette à 0^m,50 de l'objectif, puis on met bien exactement au point ; à l'aide d'une pointe d'acier l'on grave alors un trait sur la partie de la base où se trouve arrêtée la base mobile de la chambre noire ; on place ensuite la même planchette à 0^m,75. On met au point, et un nouveau trait indique la position occupée par la partie mobile de la chambre noire, et ainsi de suite de mètre en mètre jusqu'à ce qu'aucune différence ne se produise entre deux positions successives distantes de 1^m. On met alors la planchette plus loin, jusqu'à ce qu'un nouveau déplacement du plan focal soit nécessaire pour une mise au point bien nette, et l'on grave alors un nouveau trait. Cette opération n'est terminée que lorsqu'on arrive à un point où tout déplacement plus éloigné de la planchette ne modifie en rien la netteté de l'image.

On a bien soin d'indiquer, à l'aide de chiffres tous nettement marqués, les distances auxquelles correspond chaque trait.

Cette graduation, que nous n'avons vu pratiquer nulle part, permet, sans faire usage de la plaque dépolie, d'arriver toujours très exactement à la mise au point pour toutes les distances indiquées par des traits, et même, au moins approximativement, pour des distances intermédiaires.

Les grandes variations dans la distance focale ne se produisent d'ailleurs que dans les cas où les objets sont très rapprochés de l'objectif, car, à partir de quelques mètres, les variations sont à peine sensibles.

Prenons pour exemple l'objectif de notre *En-cas photographique* petit modèle. Cet objectif a un foyer normal de 0^m,10.

Si nous opérons ainsi qu'il vient d'être dit, nous trouverons que, pour un plan distant de 0^m,50 de l'objectif, le tirage de la chambre noire doit être porté à 0^m,125 au lieu de 0^m,10; qu'il sera de 0,112 pour un objet placé à 1^m de l'objectif, de 0^m,103 pour un objet placé à 2^m, de 0^m,102 pour une distance de 3^m; puis, entre 4^m et 6^m, il n'y aura plus guère qu'une variation décroissante de 1^{mm}; à partir de 6^m aucune différence dans la netteté du point ne sera appréciable.

Cela se traduit pour l'œil par la figure ci-jointe :

Fig. 19.

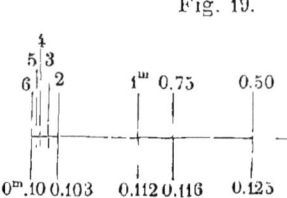

L'on remarquera que, si les variations focales sont très grandes entre 2^m et 0^m,50 à partir de l'objectif, la décroissance de ces variations devient rapidement insensible entre 2^m et 6^m, puis n'existe plus à partir de cette distance.

APPENDICE.

On a donné bien des moyens de suppléer à la privation d'une plaque dépolie, mais il nous semble qu'une graduation pareille à celle que nous venons d'indiquer peut, en cas d'absence de cet organe, servir à déterminer très nettement le point. Il n'y a qu'à mesurer avec un mètre la distance exacte où se trouve l'appareil de l'objet à reproduire.

Non pas qu'il faille pour cela se dispenser de la glace dépolie, mais, comme il peut arriver qu'elle se brise durant le transport, il est bon d'avoir cette ressource.

Pour les appareils de poche, qu'on manœuvre à la main, on peut, à la rigueur, se dispenser absolument de mettre au point. D'un coup d'œil il est aisé de juger si l'on est à plus ou moins de 6^m de l'objet. Si la distance excède 6^m, la mise au point est toujours parfaite en mettant le tirage de la chambre au foyer normal, qui est, par exemple, de $0^m,10$, si cette distance n'est que de 4^m ou de 3^m; on a bien vite, en faisant des pas de 1^m, mesuré cette distance très approximativement et sans se préoccuper de regarder sur la plaque dépolie, ce qui nécessite l'emploi d'un voile noir, surtout quand on opère en pleine lumière; il suffit alors d'amener le tirage à 0,102 ou à 0,101 pour être rigoureusement au point.

On facilite ainsi considérablement les opérations photographiques avec un appareil employé à la main, c'est-à-dire, sans pied.

On pourrait faire des objectifs qui, à l'aide d'une vis micrométrique, reculeraient ou avanceraient d'une fraction de millimètre déterminée, quand il y aurait à passer, par exemple, de 4^m à 5^m, ce qui se traduit par un déplacement moindre de 1^{mm}. Mais dans la pratique et pour des appareils tenus à la main, cette précision extrême est absolument inutile.

Que l'on veuille bien suivre notre avis quant à la graduation des diaphragmes et des distances focales, et l'on s'en trouvera bien.

Nous regrettons de voir qu'aucun Traité n'indique cette voie à suivre, que plusieurs auteurs même se plaisent à conseiller l'à peu près, s'efforçant de démontrer l'inanité des moyens de précision, alors surtout qu'ils sont d'une mise en œuvre aussi simple.

C'est pour nous une raison de plus pour insister sur l'utilité de ces moyens, à l'aide desquels les amateurs deviendront bientôt des maîtres, au lieu de se décourager au sein d'insuccès sans nombre et de finir par abandonner un art si attrayant et où ils auraient réussi dès le début, s'ils avaient seulement suivi les quelques prescriptions qui précèdent.

A notre grand regret, nous le répétons, on se plaît à les diriger dans la voie des appréciations au jugé alors que bien mieux vaudrait leur tracer des règles précises dont l'application les conduirait à des résultats certains.

APPENDICE. 161

Dussions-nous prêcher encore dans le désert, nous considérerons toujours comme un devoir impérieux de recommander aux débutants l'étude de la durée de la pose suivant les diaphragmes, suivant les distances focales, l'intensité de la lumière, la sensibilité des plaques, etc., et l'emploi de moyens pratiques d'arriver à déterminer cette durée sans s'en rapporter à une appréciation qui, le plus souvent, trompe les plus exercés.

APPAREILS PHOTOGRAPHIQUES SANS PIED, POUR ÉPREUVES INSTANTANÉES.

Dans la première partie de ce Manuel nous avons décrit plusieurs appareils portatifs, dont quelques-uns tels que la jumelle et le revolver photographiques, puis l'*en-cas* photographique, peuvent être employés sans pied, soit tenus à la main.

Évidemment les appareils de cette sorte ne sont propres, quand ils sont manœuvrés à la main, qu'à des reproductions instantanées.

Ils doivent être munis d'un obturateur assez rapide pour que les vibrations du corps en se communiquant au bras et à la main soient sans influence sur le résultat.

Une durée de pose d'un soixantième environ de seconde suffit pour donner des images très nettes, aussi nettes que si la chambre noire était sur un pied solide.

M. Français, en construisant notre *en-cas* photographique, a cru devoir établir deux types, l'un de 6 × 7 et l'autre de 9 × 8.

Ce dernier, assurément plus grand dans son ensemble comme dans ses détails, permet d'obtenir des images à projection, et le poids comme le volume excédant ceux du type de 6 × 7 ne sont pas tels que cet appareil ne soit encore très portatif.

Il peut être employé tenu à la main comme le petit modèle, et il donne des images d'un bon tiers plus grandes, ce qui pour certaines personnes est un sérieux avantage.

Pour user de l'un ou de l'autre de ces deux modèles, sans mise au point sur la plaque dépolie, dont ils sont munis, d'ailleurs, il y a non seulement à déterminer le tirage suivant les distances, ainsi qu'il a été dit ci-dessus (page 157), mais on doit encore pouvoir se rendre compte de la place occupée au plan focal par la partie de la reproduction que l'on désire voir figurer dans sa partie centrale.

Le meilleur moyen pour y arriver consiste dans l'emploi d'une mire; c'est tout simplement une règle métallique d'une longueur d'environ $0^m,10$, portant à ses deux extrémités deux parties saillantes. L'œil vise en ligne directe des deux points l'objet à placer centralement, mais en ayant soin, s'il s'agit de reproduire un monument, un intérieur, une surface plane quelconque, de tenir l'appareil de façon que la plaque sensible soit bien perpendiculaire au sol par son plan et par ses bords latéraux, sans quoi l'on aurait une déformation plus ou moins grande, suivant que l'inclinaison de l'appareil, par rapport à la ligne d'horizon, serait plus ou moins prononcée.

Il n'y a que dans le cas des vues d'ensemble ou des vues de paysages, où ne se trouvent que des arbres à formes irrégulières, que l'on peut, sans trop de danger, et pour prendre ou un peu plus de ciel ou bien une partie plus étendue du sol, incliner un peu l'appareil.

La règle qui sert à viser le point central de la vue ne permet pas de se rendre compte de l'effet que produit cette vue isolée du reste de la nature, il est pourtant nécessaire de pouvoir juger de cet effet, et de voir l'image à reproduire encadrée comme elle l'est dans la chambre noire sur la plaque dépolie, mais sans user de celle-ci.

On a imaginé pour cela de placer sur la partie postérieure de la chambre noire et sur une ligne perpendiculaire à l'axe de l'objectif une lentille biconcave, qui nous fait voir l'image réduite à peu près à la dimension qu'elle aura sur l'épreuve et redressée; de plus cette image nous apparaît très claire, ce qui donne la possibilité de juger l'effet artistique de la vue, mieux qu'on ne saurait le faire sur la plaque dépolie elle-même où elle est renversée, et d'ailleurs peu lumineuse.

Quand on s'est exercé à se servir de cette lentille, on peut absolument renoncer à l'usage de la plaque dépolie.

Ce petit accessoire complémentaire offre de plus l'avantage d'être très léger, d'avoir un volume très réduit, ce qui fait que son emploi ne complique nullement le transport des appareils de poche.

BALANCE-CUVETTE BALUZE.

Pour développer avec régularité, sans dépôt sur les négatifs des précipités qui peuvent se produire au sein des révélateurs, il convient d'agiter sans cesse la cuvette où s'opère le développement.

Pour obvier à cette obligation vraiment gênante dans les cas de développements assez longs ainsi qu'il arrive pour les instantanéités, M. Léon Baluze [1] a imaginé un balance-cuvette mu par un ressort d'horlogerie et auquel on peut, suivant qu'il est nécessaire, imprimer une vitesse de balancement plus ou moins grande.

Cet appareil est aussi d'un bon usage pour la gravure à l'eau forte ou au perchlorure de fer en donnant un moyen de tenir toujours en mouvement le liquide mordant.

[1] 52, rue des Tournelles Paris.

Il peut marcher sans être remonté pendant environ $1^h 30^m$.

PELLICULES LIBRES EXTENSIBLES.

Nous avons omis, lorsqu'il a été question de l'*en-cas* photographique dans la première partie de ce Manuel, de parler des pellicules libres extensibles et de la façon de les traiter.

Disons, tout d'abord, qu'il n'existe pas dans le commerce des pellicules de ce genre, mais il est très aisé d'en faire à l'aide des divers moyens qui vont être indiqués.

Les cartons Thiébaut conviennent très bien à la formation de pellicules libres extensibles.

On coupe ces cartons, l'émulsion y attenant, de la dimension voulue, soit par exemple 6 × 7 ou 8 × 9. On les place dans les châssis négatifs avec un verre en arrière, de façon à les tenir tendus et bien au point; puis on développe comme d'habitude, soit en enlevant dès le début la pellicule de son support, soit en l'y laissant adhérer jusqu'à la fin de l'opération, mais à la condition alors de pousser la révélation à une intensité plus grande que celle que doit avoir le négatif terminé.

On se rend compte que, par le fait de l'accroissement de la surface, il y a déperdition d'intensité. Aussi aimons-nous mieux, pour savoir ce que nous faisons, traiter la pellicule à l'état libre dès le début.

On peut encore commander aux fabricants de plaques sensibles des émulsions couchées sur verre talqué. On colle sur la surface extérieure de ces couches du papier fort gommé, on laisse sécher, puis on arrache l'émulsion, qui abandonne le verre. On en use comme dans le cas précédent, puis on immerge dans de l'eau ordinaire (dans le laboratoire sombre) pour amener la séparation du papier gommé d'avec la couche de gélatinobromure, et l'on développe.

Ces couches doivent être assez épaisses pour que, malgré l'extensibilité, il reste encore une pellicule suffisamment maniable. D'ailleurs, les opérations une fois terminées, après les derniers lavages, il est facile de renforcer la pellicule libre, si besoin est, à l'aide d'un doublage avec une feuille de gélatine mince.

Pour que la dessiccation de la pellicule, après développement, fixage et lavages s'effectue régulièrement, il convient de la poser sur une plaque de verre, en veillant à ce que chaque bord de la pellicule soit bien parallèle à un côté correspondant du verre. On colle sur ces bords des bandes de papier albuminé et on laisse sécher; mais, au préalable, on a dû talquer avec soin la surface de verre sur laquelle devra porter la pellicule.

Une fois qu'elle est sèche, on coupe les quatre côtés avec une pointe de canif, le long des bandes de papier, et on la détache du verre en soulevant un coin avant d'entailler les bords avec un canif. On peut collodionner la surface extérieure et ne détacher la pellicule qu'après entière dessiccation du collodion; puis, la pellicule étant posée sur la plaque, du côté collodionné, on l'y maintient, à l'aide de nouvelles bandes de papier gommé ou albuminé et l'on collodionne l'autre surface.

Les pellicules de gélatine ainsi emprisonnées entre deux minces couches de collodion normal à 1,5 pour 100 de pyroxyline sont très solides et d'une conservation assurée.

Il est urgent de laisser s'opérer complètement la dessiccation du collodion sur l'un et l'autre côté avant de détacher la pellicule. De cette façon l'on est certain de l'avoir parfaitement plane.

PRÉPARATION DE DIVERS PAPIERS PELLICULAIRES.

Nous empruntons au *Bulletin de la Société française de photographie* la description faite par M. Robert de Chennevière [1] de divers procédés de préparation de papiers pelliculaires.

Cette préparation implique naturellement l'emploi d'une émulsion achetée à l'état solide ou figée, ou bien fabriquée chez soi, à moins, qu'on ne se procure, ainsi qu'il vient d'être dit plus haut, des couches d'émulsions étendues sur des plaques de

[1] Séance du 10 Avril 1885.

verre préalablement talqué, ou talqué et collodionné.

Mais laissons la parole à notre habile collègue, M. Robert de Chennevière.

« Ayant reconnu les inconvénients qu'offraient les plaques, en raison de leur fragilité et surtout de leur poids, je cherchai, dit-il, un procédé qui me permît de supprimer le verre. J'essayai d'abord de fabriquer des pellicules libres à l'aide de vernis divers, mais je n'obtins aucun résultat satisfaisant. Je fus donc forcé de tourner mes recherches vers un procédé où la pellicule eût un rapport qui permît de la manier aisément et la maintînt rigide. Le papier était tout indiqué.

« Je commençai par me rendre compte de l'effet du collodion étendu sur papier et de son adhérence. Je fis un essai sur papier simple ; l'adhérence étant un peu trop grande et le collodion entraînant après lui des peluches de papier, je talquai légèrement ce même papier, je le bordai d'une solution de caoutchouc, et le résultat fut tout à fait satisfaisant. Le principe de mon papier pelliculaire était trouvé.

« 1. Premier procédé. — *Pellicules sur papier simple.* — Prenez du papier écolier fort. Vous le coupez de façon à laisser tout autour 5^{mm} de plus que le format que l'on veut obtenir, par exemple 19×25 pour le format 18×24.

« Ayez d'autre part un nombre de plaques cor-

APPENDICE. 169

respondant au nombre de feuilles que vous voulez préparer et au moins de $0^m,01$ plus grandes que les feuilles de papier; par exemple, des plaques 21×27 pour le format ci-dessus. Il est bon de les passer à la cire (cire 4^{gr}, benzine ou essence de térébenthine 100^{cc}; on frotte avec un morceau de linge imbibé de la solution), pour éviter l'adhérence du papier à la glace.

« Préparez d'autre part du collodion : tous les collodions sont bons; la formule que j'emploie est la plus simple :

Éther.	50^{cc}
Coton.	1^{gr}
Alcool à 40°.	50^{cc}
Huile de ricin.	10 gouttes env.

« Coupez des bandes de papier albuminé de 15^{mm} de large. Tout étant préparé, on procède de la façon suivante :

« Vous mettez ramollir, dans une cuvette pleine d'eau ordinaire, les feuilles de papier coupées de dimension; vous retirez la première et l'appliquez sur la plaque cirée, de telle sorte qu'il reste $0^m,01$ de verre nu tout autour; passez dessus une raclette en caoutchouc ou une feuille de buvard pour enlever l'excès d'eau.

« Vous passez vivement dans la cuvette des bandes de papier albuminé et les appliquez à mesure sur chacun des bords du papier, en en couvrant seulement 5^{mm}, faisant adhérer le reste à la plaque. Vous pouvez, si vous voulez, au lieu de tendre avec des feuilles de papier albuminé, couper les feuilles plus grandes et rabattre les bords sous la plaque, que vous prenez alors de la dimension exacte du format que vous voulez obtenir. Mais avec certains papiers, les feuilles ainsi tendues se gondolent lors de l'extension de l'émulsion.

« Faire attention à bien coller le papier sur les angles, sans quoi il se gondolerait dans les coins. En séchant, le papier se tend parfaitement.

« Le papier une fois sec, passez à sa surface une légère couche de talc dont vous enlevez l'excès par un coup de blaireau et, pour plus de sécurité, bordez le papier sur 5^{mm} tout autour avec une solution de caoutchouc, puis collodionnez comme une plaque ordinaire.

« On laisse sécher le collodion et l'on étend la couche d'émulsion en se servant d'un triangle de verre.

« La couche une fois sèche, coupez avec un canif le papier pelliculaire au bord du papier albuminé et vous avez une feuille qui s'enlève de la plaque sans difficulté et que vous conserverez bien plane.

« 2. *Inconvénients et avantages du procédé.* — L'adhérence du papier-support à la couche est suffisante pour supporter tous les bains et les lavages prolongés, mais elle n'est pas toujours assez forte pour permettre de couper absolument, à coup sûr, en des dimensions plus petites, les papiers préparés. De là l'obligation de préparer des papiers de dimensions déterminées à l'avance. Mais si le papier a cet inconvénient, assez rare du reste, il a ses avantages : le papier simple se trouve partout; en outre, et ce peut être un grand avantage, le cliché terminé sèche bien plus rapidement que dans les autres procédés que je vais décrire. L'adhérence étant trop faible, pour permettre de couper et surtout de rouler le papier pelliculaire, je fis divers essais sur papiers albuminés, cirés, gélatinés, ce qui m'a amené aux procédés suivants :

« 3. Second procédé. — Prenez du papier écolier comme ci-dessus, coupez-le de même et passez à sa surface une couche de solution de cire de la formule ci-dessus, en couvrant bien la feuille partout; vous observez par réflexion s'il n'y a pas de places non recouvertes et vous tendez la feuille mouillée comme dans le procédé précédent. Collodionnez et étendez l'émulsion.

« Le papier ciré donne les mêmes résultats que le papier simple, mais il fournit des couches plus brillantes et a assez d'adhérence pour être coupé, sans crainte des soulèvements. Il ne faut cependant pas le rouler.

« Mon troisième procédé étant absolument le

même que celui breveté par M. Thiébaut, sauf une légère modification dans la formule, je ne le décrirai pas.

« 4. *Pellicule sur glace enlevée sur papier gélatiné collodionné*. — On tend du papier gélatiné (le papier gélatiné double transport convient très bien), on le collodionne comme ci-dessus. Une fois la couche de collodion bien sèche, coupez les bords du papier et enlevez les feuilles de dessus les plaques-supports. Prenez alors des plaques propres, passez-les fortement au talc, enlevez légèrement l'excès de talc au blaireau.

« Immergez, dans une cuvette pleine d'eau ordinaire filtrée les feuilles de papier collodionné, et préparez une autre cuvette pleine d'eau filtrée.

« Coulez l'émulsion comme à l'ordinaire sur les plaques talquées. Quand la gélatine a fait prise sans attendre trop longtemps, vous placez la plaque recouverte d'émulsion, la couche en dessus, dans la cuvette d'eau distillée, vous y plongez une des feuilles de papier collodionné, la couche de collodion en dessous, en contact avec la couche d'émulsion; faites attention à chasser toutes les bulles d'air qui pourraient s'interposer. Vous amenez le papier de façon qu'il couvre exactement la plaque et vous relevez lentement cette plaque sur laquelle le papier s'applique à mesure que l'eau s'écoule; vous pincez par le bord supérieur la plaque et le papier et vous passez la raclette de caoutchouc, de façon à faire adhérer fortement le papier à la glace. Laissez sécher et incisez le papier avec un canif et une règle à 5^{mm} du bord intérieur, fortement pour bien trancher la pellicule jusqu'à la plaque. Passez le canif à plat pour soulever la pellicule de façon à pouvoir la saisir avec les doigts, etc. Enlevez vivement le tout sans temps d'arrêt. La couche de gélatino adhère au papier-support et la glace, une fois débarrassée des petites bandes restées sur les bords, peut servir indéfiniment sans nettoyage; elle est même préférable à une plaque qui sert pour la première fois.

« 5. Les mêmes résultats s'obtiennent sur du papier ciré au lieu de papier gélatiné; mais alors il est nécessaire, une fois le papier passé à la cire, de le dégraisser dans l'eau et de passer à sa surface un blaireau, sans quoi il se forme une quantité de petites bulles entre le papier et la couche de gélatine. Ce procédé supprime l'emploi du collodion, le papier ciré s'appliquant directement sur la couche d'émulsion.

« Ces procédés par couches appliquées sur glaces et enlevées sur papier, qui sont de beaucoup les plus pratiques, demandent une certaine habitude, mais peuvent être pratiqués à coup sûr, si l'on suit exactement les instructions que je donne.

« Les principaux points à observer sont :

« 1° Le talquage abondant de la plaque : le blaireau passé sur la plaque doit y laisser une couche de talc qui la salisse;

« 2° Choisir le moment le plus favorable pour appliquer le papier sur la plaque. Si vous laissiez écouler trop de temps, le papier adhérerait moins bien. Généralement je coule quatre plaques de suite, puis je prends la première dont la gélatine a fait prise et j'applique dessus le papier, puis la deuxième, la troisième et la quatrième. Je coule quatre autres plaques et j'applique quatre nouveaux papiers;

« 3° Enlevez le papier de dessus les plaques sans hésitation et d'un seul coup; sans quoi, si l'on allait par saccades, on aurait des raies qui paraîtraient dans la couche. Pour séparer le papier des plaques, on passe à plat un canif sous l'un des angles, on le fait suivre le long d'un des bords, de façon à soulever environ $0^m,01$ sur toute la longueur, puis l'on prend le papier entre le pouce et l'index et on tire d'un seul coup sur soi.

« Ce procédé a l'avantage aussi de supprimer les taches appelées *taches de graisse* et donne des couches aussi brillantes que le verre sur lequel on les obtient. Laissez bien sécher les plaques vant d'enlever le papier pelliculaire, ce qui demande une moyenne de 48^h, dans une armoire aérée par un courant d'air.

« *Exposition et développement des papiers pelliculaires.* — Les papiers pelliculaires s'exposent à la chambre noire, soit derrière une plaque bien propre, soit tendus par un moyen quelconque. Ils conservent très bien leur planimétrie, surtout ceux des deux derniers procédés, et il suffit d'assujettir leurs bords.

« Déposez le papier impressionné au fond d'une cuvette, la couche en dessus. Faites couler de l'eau à sa surface et ramenez l'eau deux à trois fois, comme pour le développement, afin de bien le ramollir. Au bout de deux à trois minutes, le papier, dont les bords avaient tendance à se retourner, devient absolument plan; vous rejetez l'eau, et la feuille s'applique au fond de la cuvette. Procédez alors au développement, comme pour une glace, en observant que les images des papiers, dont la couche a été obtenue sur verre talqué, sont plus longues à apparaître que les autres; vous suivez la venue de l'image par réflexion et vous arrêtez lorsque l'image a commencé à devenir grise, même dans les blancs; du reste, on peut, si l'on veut, enlever la feuille de la cuvette et l'observer par transparence. Il faut qu'elle paraisse beaucoup plus foncée qu'elle ne doit l'être réellement; lavez quelques instants sous le robinet et fixez.

« Je me sers, pour le fixage, du bain indiqué par M. de la Ferronnays :

Eau	1^{lit}
Hyposulfite	150^{gr}
Alun	40

« Vous observez à la couleur du papier, qui perd sa teinte jaunâtre et redevient blanc, si le cliché est fixé partout. J'emploie toujours du papier gélatiné rose, ce qui permet de suivre bien plus facilement le fixage, car la teinte rosée apparaît à mesure que la couche de gélatino se dissout, et, si vous voulez vous servir du papier pour obtenir des épreuves positives, la teinte rose leur donne un ton très agréable.

« Le fixage terminé, mettez les papiers tous ensemble dans une cuvette d'eau que vous renouvelez à plusieurs reprises. Le papier pelliculaire non gélatiné supporte facilement un lavage de trois à quatre heures. Il ne faut pas s'effrayer des ampoules qui se forment avec certains papiers pendant le lavage.

« Les papiers cirés, gélatinés, peuvent rester dans l'eau douze et vingt-quatre heures.

« Une fois le cliché bien lavé, on peut, si l'on veut, le sécher entre des buvards, mais il faut le passer au sortir de la dernière eau dans un bain d'eau, d'alcool et de glycérine.

« Je préfère, pour sécher mes papiers, les reporter sur glaces talquées et collodionnées : vous obtenez alors des clichés bien plus plans. Si vous désirez une pellicule plus épaisse ayant la rigidité du verre, reportez sur glace collodionnée et gélatinée. La formule la plus simple est :

$$\begin{array}{ll} \text{Eau} & 500^{gr} \\ \text{Gélatine} & 40 \end{array}$$

On ajoute 5^{cc} d'une solution saturée d'alun de chrome.

« Pour faire une bonne pellicule, il faut au maximum 50^{cc} de la solution de gélatine pour une glace 18×24. Ne pas s'effrayer des stries qui se forment à la surface de la plaque gélatinée une fois sèche; elles disparaissent quand on plonge la plaque dans l'eau pour reporter le papier pelliculaire.

« Le report se fait sous l'eau; appliquez la surface gélatinée du papier contre la gélatine de la plaque, relevez lentement le tout et raclez pour faire adhérer fortement le papier à la plaque.

« Le tout étant bien sec, incisez le papier à $0^m,05$ à l'intérieur du bord, il se détache seul de la plaque. Passez le canif dans un coin entre le papier et la couche pelliculaire, que vous séparez sans difficulté et sans saccades.

« Ces différents procédés, qui paraissent à première vue assez compliqués, ne le sont pas réellement. En effet, on peut faire les diverses préparations à plusieurs jours de distance : tendez un jour les papiers, un autre jour collodionnez, puis étendez l'émulsion. Ces opérations préliminaires ne prennent pas beaucoup plus de temps que le nettoyage ordinaire des glaces, qui se trouve par cela même supprimé, car on peut se servir très longtemps des mêmes sans qu'il soit besoin de les nettoyer.

« J'espère que la description un peu compliquée de ces divers procédés n'arrêtera pas les amateurs, qui, en tout cas, seront largement récompensés par les résultats qu'ils obtiendront. En suivant exactement les indications données, on doit forcément réussir.

« *Cartons pelliculaires.* — On peut préparer par les procédés ci-dessus des cartons pelliculaires qui se maintiennent aussi rigides que les plaques.

« On prend du bristol d'une épaisseur convenable, on le talque et on le collodionne, ou bien on le cire et on le collodionne. On le pose humide sur une plaque et l'on maintient les bords à l'aide de bandes de papier albuminé, on étend ensuite l'émulsion. On obtient ainsi des cartons pelliculaires se maintenant parfaitement plans : ils se révèlent et se fixent comme les papiers, et on les laisse sécher librement : une fois secs, on les collodionne et l'on sépare la pellicule du carton. »

MOYEN DE SÉPARER LA PELLICULE DE GÉLATINE DU VERRE POUR LE REDRESSEMENT DES NÉGATIFS.

Quand on n'a pas fait usage de plaques à la

gélatine préparées en vue de la transformation des clichés négatifs pelliculaires, il est difficile d'arriver à séparer la couche de gélatine du verre.

Pourtant il est divers moyens d'y arriver, citons d'abord le procédé de M. Bory ([1]). Ce procédé consiste dans l'emploi d'acide fluorhydrique fortement étendu d'eau, depuis, par exemple 50 parties d'eau pour 1 partie d'acide, jusqu'à dix fois plus d'eau encore pour la même quantité d'acide, soit $\frac{1}{500}$; dans cet état l'emploi de l'acide fluorhydrique est sans danger aucun.

« Pour procéder au décollement, il suffit de plonger un cliché dans une cuvette de verre, en porcelaine ou mieux en gutta-percha qui n'est pas attaqué, contenant de l'eau acidulée à $\frac{1}{250}$ environ; presque aussitôt la pellicule se détache seule. Immédiatement, on retire l'acide et on lave la pellicule en changeant l'eau une ou deux fois, et, en dernier lieu, on lave avec de l'eau distillée. Pour retirer la pellicule, on place en dessous, c'est-à-dire au fond de la cuvette, un verre (ou glace) plus grand que la pellicule que l'on étend à la surface de l'eau : il ne reste plus qu'à prendre doucement le verre et à retirer tout à la fois, en faisant égoutter peu à peu et évitant les bulles

---

([1]) *Bulletin de la Société française de Photographie*, année 1884, page 183.

d'air; ensuite, on met à sécher à l'ombre, comme pour un cliché ordinaire.

« La retouche au crayon n'est pas altérée par les lavages : il est indispensable que les clichés ne soient pas vernis, sans quoi il se produirait une déformation irrémédiable.

« Pour éviter l'extension de la gélatine, il est nécessaire de passer les clichés dans un bain d'alun ordinaire et d'alun de chrome, pendant au moins une heure ou deux, et même davantage, selon la fabrication des plaques. Celles qui m'ont donné les meilleurs résultats comme inextension, après une heure de séjour dans l'alun, sont celles de M. F. Braun, d'Angoulême.

« Lorsqu'on veut faire subir de l'extension, il faut opérer sur un cliché vigoureux et peu passé ou presque pas au bain d'alun; on peut facilement obtenir un cliché 18 × 24 avec une plaque 13 × 18; ce moyen est excellent pour baisser un cliché trop développé.

« Pour avoir des pellicules libres, il faut les passer à l'alun, et, lorsqu'elles commencent à sécher sur le verre, on soulève un coin qui se décolle ensuite de lui-même, de plus en plus à mesure que la gélatine sèche.

« La solution d'acide fluorhydrique à $\frac{1}{50}$ ou $\frac{1}{100}$ est précieuse pour le nettoyage rapide et complet de cuvettes, éprouvettes, verres, ballons, flacons, etc. Il n'y a aucun agent nettoyant mieux

APPENDICE.   181

et aussi économiquement; l'eau acidulée sert jusqu'à épuisement d'acide.

« Au cas de brûlures occasionnées par l'acide fluorhydrique pur du commerce, le meilleur antidote est l'ammoniaque étendue d'eau ou bien l'eau sédative forte. »

TENDEUR POUR PELLICULES, PAR M. BALAGNY.

Parmi les divers systèmes imaginés pour tenir tendus dans les châssis négatifs les papiers émulsionnés et les pellicules sensibles, un des plus simples est celui qu'a indiqué M. Balagny. Il consiste tout simplement en un cadre d'acier nickelé dont les deux côtés les plus longs sont courbés; la pellicule et le papier étant placés dans le châssis, on pose par derrière le cadre en question; celui-ci est redressé à l'aide d'encoches placées sur les quatre coins et la pression qu'il exerce en se redressant suffit pour maintenir le papier ou la pellicule dans un état suffisamment plan.

TENDEUR DE M. ROBERT DE CHENNEVIÈRE.

M. Robert de Chennevière a imaginé d'appliquer à notre propre châssis, celui qui accompagne l'*en-cas photographique*, un système de tension des cartons ou papiers pelliculaires qui nous paraît marcher très bien. La planchette intérieure du châssis est remplacée par deux petits cadres laissant entre eux un vide de 2^{mm} à 3^{mm}. On introduit entre ces deux cadres une pellicule avec émulsion à droite, une autre avec émulsion à gauche puis, entre les deux pellicules, papiers ou cartons pelliculaires, une lame de bristol d'une épaisseur convenable pour remplir tout le vide qui reste entre les deux feuilles sensibles, même avec un peu de pression. C'est une sorte de coin que l'on enfonce entre les deux cadres, et qui maintient les deux surfaces sensibles bien planes.

Nous trouvons ce moyen fort ingénieux et d'une application très facile à nos châssis, qu'il sera aisé de compléter à l'aide de quelques intérieurs à cadres tendeurs.

De cette façon, suivant les cas, on usera soit du châssis tel qu'il a été construit pour recevoir des plaques de verre, soit de la partie intérieure spéciale aux pellicules.

D'ailleurs rien ne s'opposerait à l'adaptation de cet intérieur à la plaque de verre comme à la pellicule.

ÉCHELLE SENSITOMÉTRIQUE ÉTALON.

Le sensitomètre Warnerke, décrit dans la première partie de ce Manuel, a constitué jusqu'ici l'un des meilleurs moyens de comparer entre elles les sensibilités des plaques diverses; cet appareil, sans être d'un prix inabordable, coûte pourtant assez cher, d'où il résulte que peu de personnes en font usage.

Il a paru nécessaire de créer une échelle d'un prix peu élevé qui pourrait être entre les mains de tous et servir à indiquer, avec toute la précision désirable, le degré de sensibilité des plaques de diverses marques. Cette échelle, pour rendre les services qu'on en attend, devrait être tirée à un très grand nombre d'exemplaires identiques entre eux et vérifiés, puis poinçonnés par une commission de contrôle, après qu'elle aurait constaté l'identité de chacune des échelles avec une échelle-étalon.

Il semblerait de prime abord que tout cela est bien simple à organiser; mais, quand on entre dans l'examen complet de la question, l'on s'aperçoit que l'on ne peut la résoudre pratiquement sans avoir à surmonter quelques difficultés assez sérieuses.

Quoi qu'il en soit, la chose est possible, et d'ailleurs les bases de la méthode sensitométrique que l'on doit adopter ont été établies ainsi qu'il suit :

L'échelle, une fois créée, vérifiée, poinçonnée, etc., sera livrée à quiconque le désirera à des conditions très peu onéreuses, et voici comment on devra en faire usage.

La plaque à essayer sera placée dans un châssis-presse en arrière de l'échelle graduée, et on l'exposera à la lumière d'une bougie stéarique de bonne qualité, à la distance de 1ᵐ de la flamme et pendant une minute.

Avant de procéder à l'impression, l'on devra, si la mèche de la bougie est charbonneuse, supprimer le bout charbonneux, et d'ailleurs ne jamais faire l'opération qu'après que la combustion aura duré environ cinq minutes.

La hauteur de la flamme devra correspondre, autant que possible, sur une ligne horizontale, à la partie centrale de l'échelle graduée.

Le dernier muméro apparent sur la plaque, après le développement à l'oxalate ferreux pur (4 parties d'une solution saturée d'oxalate neutre de potasse et 1 partie d'une solution saturée de sulfate de fer), donnera l'indication du degré.

Pour comparer les plaques entre elles, on dira : avec telle marque, j'ai eu tel numéro à l'échelle sensitométrique, et tel autre numéro avec une autre marque.

Seulement, on n'aura pas ainsi la sensibilité comparée au point de vue de la durée de l'exposition, exigée par l'une et l'autre marque.

Nous renvoyons à cet égard aux disques gradués de M. Warnerke à l'aide desquels on détermine la durée de la pose suivant le numéro de l'échelle.

Le problème de ce côté-là est assez complexe, car il faut savoir que la lumière ne traverse pas l'échelle graduée dans un rapport immédiatement proportionnel.

Si, par exemple, notre échelle-type est formée de 20 cases ou écrans, dont l'un, le premier, consiste en une simple feuille de papier mince, l'autre en deux feuilles superposées, et l'autre, le troisième, en trois feuilles superposées, et ainsi de suite jusqu'à l'écran n° 20, qui contiendra dans son épaisseur 20 feuilles superposées ; il ne faut pas croire que la lumière, au bout de 20^m, par exemple, produira à travers l'écran n° 20 un effet identique à celui qu'elle aura produit à travers l'écran n°.1. Il faudra beaucoup plus de temps pour obtenir un résultat semblable, et c'est pour ce motif que M. Warnerke a dû établir un moyen de déterminer la durée des expositions par rapport au degré indiqué par son échelle graduée.

Il serait certainement possible de créer une échelle, dont chaque case ou écran aurait une translucidité proportionnelle à la durée nécessaire de l'exposition ; mais cette échelle aurait un défaut grave. La différence des opacités entre chaque écran successif serait tellement peu marquée qu'on aurait plus de peine encore qu'avec les échelles actuelles à transition plus nette, à déterminer exactement le degré auquel on devrait s'arrêter. Dès les premiers moments de l'impression, l'échelle entière serait marquée, et il serait indispensable de recourir à un chercheur formé d'une teinte normale pour adopter, comme étant le degré donné, celles des cases dont la teinte se confondrait avec celle du chercheur ou s'en rapprocherait le plus.

A notre avis, ce chercheur est indispensable, même avec l'échelle à transition régulière, car il arrive souvent qu'on voit, à la suite, 2 à 3 numéros ayant une teinte à peu près identique, et l'on est fort embarrassé. Il est vrai que l'on doit s'arrêter au dernier numéro visible. Mais, si l'on voit tous les 20 numéros, cela signifie-t-il que cette couche sensible donne 20 seulement? N'est-il pas admissible que, si l'échelle avait eu 4 ou 5 autres cases, elles eussent aussi été traversées par la lumière?

C'est pourquoi un chercheur nous semble indispensable; il est d'ailleurs facile de l'établir, en adoptant pour teinte normale celle du n° 3 ou du n° 4 de l'échelle-étalon.

Ce chercheur peut être exécuté à l'aide de feuilles de papier teinté gris qu'on trouve dans le commerce. On pratique dans un fragment de ce papier un trou carré de la dimension d'une des cases de l'échelle, puis on applique le papier sur du verre, le côté teinté portant contre le verre.

Quand on veut vérifier le degré obtenu après développement, on laisse sécher la plaque d'essai, et l'on présente le chercheur sur les dernières teintes, les plus faibles. Il en est une, parmi celles-ci, dont la valeur (et non la couleur) se rapprochera le plus de celle du chercheur, et le numéro porté par cette case sera celui auquel on devra s'arrêter.

Nous donnons, dès maintenant, tous ces détails, parce qu'il nous paraît démontré que l'échelle-étalon, dont il s'agit, ne peut manquer d'être établie dans les conditions ci-dessus indiquées. Il convient donc d'en expliquer le mécanisme et de décrire approximativement au moins la manière de s'en servir.

Cela n'empêchera pas de faire usage des échelles de M. Warnerke, mais alors en les employant à des essais plutôt personnels. Il a été publié récemment que des échelles Warnerke avaient été établies de façon que tous les exemples fussent identiques entre eux. Nous voulons bien l'admettre; seulement, il manque à cette affirmation le contrôle immédiat d'une commission autorisée, et la preuve de ce contrôle.

POSITIFS PAR DÉVELOPPEMENT AU GÉLATINOCHLORURE D'ARGENT.

Dans le chapitre premier de cette deuxième partie du Manuel, nous avons dit un mot du procédé d'impression des positifs par développement; mais on a depuis perfectionné ce procédé en employant le gélatinochlorure d'argent au lieu du gélatinobromure d'argent. Avec cette dernière préparation, il était impossible d'obtenir des épreuves convenablement virées ayant le beau ton chaud et brillant des épreuves sur papier albuminé.

Actuellement, le problème de l'impression des

épreuves positives par développement est complètement résolu, et l'on trouve dans le commerce des papiers tout préparés au gélatinochlorure. Les maisons Morgan et Cie, et Marion fils et Cie, livrent de ces papiers depuis la dimension carte de visite jusqu'à la dimension 3^m,25 × 0^{m}62 (en rouleaux alors), en passant par tous les formats intermédiaires.

1,000 feuilles, grandeur carte de visite, coûtent 25^{fr}, ce qui met la feuille à 0^{fr},025.

La carte-album coûte 25^{fr} pour une quantité de 360, ce qui met la feuille à 0^{fr},07 environ.

D'après ces données, on voit que le prix de ce papier est un peu plus élevé que celui du papier albuminé sensibilisé.

D'ailleurs, pour comparer ces prix entre eux, nous dirons qu'une main de papier albuminé sensibilisé revient au plus à 15^{fr}, tandis que la main de papier au gélatinochlorure d'argent coûte 25^{fr}.

Il est vrai que l'on fait avec cette dernière sorte de papier ce que l'on ne pourrait obtenir avec l'autre. *Time is money,* disent les Anglais, et ils ont raison, car avec le papier albuminé il faut quelquefois des journées entières pour obtenir une seule épreuve de certains négatifs, tandis qu'avec le gélatinochlorure on peut, par tous les temps et à toute heure, obtenir d'une façon très régulière un très grand nombre de belles épreuves d'un ton aussi beau qu'on le voudra et d'une stabilité peut-être plus assurée que celle des épreuves sur papier albuminé.

Ceci est à considérer.

Un grand avantage qu'offre ce papier, c'est de permettre l'impression positive directe et agrandie avec un petit négatif.

Il n'est pas nécessaire de passer par une contre-épreuve, ainsi que cela a lieu pour l'obtention des négatifs agrandis. Le petit cliché négatif est tout simplement mis dans le porte-objet de la lanterne à agrandissement (lanterne Molteni ou Laverne); on met au point sur un écran, en usant, c'est bien entendu, d'un bon objectif convenablement diaphragmé, puis on substitue la feuille préparée au gélatinochlorure, à l'écran ; et, après une durée d'exposition que l'on a déterminée par un essai préalable fait sur un fragment de papier, on procède au développement.

On peut ainsi imprimer successivement et dans la durée d'une heure à deux, suivant les dimensions, de douze à quinze épreuves du format adopté. Tout étant réglé : mise au point, durée de l'exposition, etc., il n'y a qu'à marcher, et l'on sera certain d'avoir à la fin de ce tirage toute une série d'épreuves absolument régulières entre elles.

La sensibilité de ce papier est loin d'être égale à celle des plaques au gélatinobromure; mais nous ne nous en plaignons pas. Les opérateurs ont moins de risques à courir, étant moins pressés, et il leur est plus facile de conduire avec régularité l'œuvre de l'impression.

Il faut, avec un cliché de densité moyenne et avec un beau jour, de 1^s à 2^s, ou avec le gaz d'un bec papillon ordinaire à $0^m,25$ de distance, de 1^m à 2^m. Avec des brûleurs à gaz carburé et un réflecteur, de 10^s à 15^s. Ce sont là les durées d'exposition indiquées par MM. Marion fils et Cie.

M. le Dr Just, de Vienne (Autriche), a publié la description d'un châssis mécanique pour l'impression automatique de ces épreuves, à la lumière artificielle.

MM. P. Morgan et Cie, de leur côté, fournissent, en ce qui concerne leur papier au gélatinochlorure, les indications suivantes : « Pour le temps de
» pose toute lumière peut être utilisée, aussi bien
» celle du jour que n'importe quel éclairage arti-
» ficiel ; mais nous recommandons spécialement le
» fil de magnésium, qui fournit une lumière vive,
» constante et à bon marché, car il en faut très
» peu à chaque exposition. Environ $0^m,05$ de ma-
» gnésium brûlés à $0^m,010$ de distance des châssis,
» équivalent à l'exposition de 1 minute à peu près à
» la flamme d'un fort bec de gaz, et représentent
» une moyenne sur laquelle on peut se baser. Si
» le temps de pose est correct, l'épreuve se traite
» au développement avec la plus grande facilité.
» A la lumière du jour on posera de 5^s à 10^s, en

» ayant soin de recouvrir le châssis d'une glace
» dépolie. »

Voici maintenant les deux modes d'emploi publiés par chacune des maisons ci-dessus désignées.

Après l'exposition, disent les instructions de MM. Marion fils et Cie, l'image peut être légèrement visible s'il y a dans le cliché de grandes oppositions ; mais non autrement.

Développement du *Britannia « Alpha » paper* de la maison Marion.

Solution n° 1

Oxalate neutre de potasse. . . .	260^{gr}
Eau chaude	1000
Bromure d'ammonium	12

Filtrer, à moins qu'on n'ait employé de l'eau distillée, et laisser refroidir.

Solution n° 2

Sulfate de fer pur.	64^{gr}
Eau.	1000

Au moment de s'en servir, mélanger ces deux solutions par parties égales et en mettant d'abord l'oxalate de potasse, puis le sulfate de fer ; ne pas faire l'inverse.

On met les épreuves à développer dans le mélange ci-dessus, en les plongeant d'abord la face en dessous, puis, dès qu'elles sont mouillées, on les retourne avec une pince.

On arrête le développement dès que l'épreuve a

atteint l'intensité voulue, car il n'y pas ici de déperdition de valeur, comme dans le tirage avec le papier nitraté.

Il vaut mieux ne pas développer plus de trois ou quatre épreuves dans la même cuvette, parce que l'opération marche si vite, surtout à la fin, qu'on ne pourrait les retirer assez prestement; le défaut le plus fréquent dans la pratique de ce procédé étant un développement trop prolongé.

On peut développer plusieurs séries d'épreuves dans le même bain; mais si l'on a des épreuves dégradées, dans le nombre, il convient de commencer par celles-ci ou de renouveler plus souvent le mélange.

Le mélange se garderait quelque temps si l'on ne s'en servait pas; mais dès qu'on y a mis une épreuve il se décompose rapidement, et, 15^m ou 20^m après, on ne peut plus s'en servir avec sécurité. Il ne faut donc pas qu'il s'écoule plus que ce temps entre la première et la dernière épreuve qu'on fait venir avec le même bain.

Après le développement, laver rapidement pendant environ 5^m et en changeant d'eau deux ou trois fois; puis mettre les épreuves pendant 10^m à 15^m dans le bain d'alun composé comme suit:

$$\text{Alun ordinaire en poudre} \ldots \ldots \quad 85^{gr}$$
$$\text{Eau} \ldots \ldots \ldots \ldots \ldots \ldots \quad 1000$$

On lave encore environ 5^m en changeant l'eau

APPENDICE.

comme précédemment, ou en employant de l'eau courante.

On procède maintenant au virage, pour lequel on a eu soin de préparer :

Solution d'or réserve

Eau distillée	50^{gr}
Chlorure d'or	1

Bain de virage à préparer le matin pour la journée, parce que cela ne se garde pas

Eau chaude	1000^{gr}
Acétate de soude	7
Chlorure de calcium frais	0 ,05
Solution d'or réserve ci-dessus	12^{cc}

Laisser refroidir.

Maintenir dans le virage jusqu'à ce que l'épreuve regardée par transparence ait le ton définitif. A ce point de l'opération, la surface de l'image a une couleur pourpre.

Le virage terminé, on lave environ pendant 5^m, en changeant l'eau trois ou quatre fois.

Maintenant, on fixe dans un bain d'hyposulfite de soude à 20 pour 100, renouvelé chaque jour.

Si l'on trouve que quelques épreuves n'ont pas viré suffisamment, on peut les laisser dans l'hyposulfite jusqu'à ce qu'elles aient atteint le ton désiré.

Quand on les retire du bain de fixage, les épreuves ont des tons de quelques degrés plus chauds que ceux qu'elles auront, une fois séchées.

Après le fixage, il faut laver comme dans le procédé au papier nitraté, c'est-à-dire à fond, pour enlever toute trace d'hyposulfite et en renouvelant l'eau souvent, ou mieux le faisant dans une eau courante et en maintenant les épreuves en mouvement comme dans nos appareils spéciaux.

N. B. — Il faut agiter constamment les épreuves dans tous les bains, sinon il se produirait des irrégularités et des taches.

Avoir soin que les doigts soient exempts de toute trace de produit étranger à chacune des manipulations. Il est bon de se servir de pinces pour manier les épreuves, et d'en avoir une pour le développement et le bain d'alun, une deuxième pour retirer les épreuves du lavage après l'alun pour les mettre dans le virage et dans le lavage qui le suit, et enfin une troisième pour les retirer de ce lavage pour les mettre dans l'hyposulfite.

La moindre trace des bains de développement ou d'hyposulfite dans le virage rendrait celui-ci impropre à servir.

Il est important de ne pas laisser tremper les épreuves dans les différents bains ou lavages plus de temps qu'il n'est nécessaire. Après le développement, il faut les laver rapidement, puis les passer à l'alun en agitant la cuvette et ensuite laver rapidement et virer, enfin laver encore sans retard et fixer.

Si on les laisse dans l'eau trop longtemps, surtout après le développement, il est à craindre qu'on ait un mauvais ton et que les blancs ne soient jaunes.

Si les épreuves terminées sont d'un ton trop chaud, pourpres, c'est qu'elles ont été surexposées et pas assez développées; si elles sont d'une couleur verdâtre, c'est qu'elles n'ont pas été assez exposées, et probablement que le développement aura été trop poussé.

Montage des épreuves. — Il y a divers moyens de monter les épreuves obtenues par ce procédé, suivant qu'on désire les avoir avec plus ou moins de brillant.

Première méthode. — Si l'on veut avoir une surface brillante comme celle des épreuves émaillées, on prend une glace bien nettoyée et sur laquelle on a déposé uniformément un peu de talc au moyen d'un tampon; on y applique, la face contre le verre, les épreuves sortant du dernier bain de lavage: on met par-dessus une toile caoutchoutée, et, avec une racle, on chasse l'eau et les bulles d'air en rendant ainsi l'adhérence parfaite. Quand cela est à moitié sec, on enduit le dos avec de la colle d'amidon très épaisse et de première qualité: ensuite on applique dessus un morceau de carte en trois de la grandeur de l'épreuve, et on laisse sécher complètement. Alors, détachant l'épreuve de la glace, on l'ébarbe et on la monte comme une épreuve émaillée sur son bristol définitif.

Deuxième méthode. — Si l'on ne désire que le brillant ordinaire d'une épreuve sur beau papier albuminé, on procède comme dans la première méthode, sauf l'emploi de la carte en trois. Après avoir passé la colle d'amidon au dos de l'épreuve à moitié séchée, on laisse ce séchage se terminer, puis on détache l'épreuve de la glace et on l'ébarbe. On humecte au moyen d'une éponge la face du bristol, on y applique l'épreuve et on lamine à froid; pour cela, il est préférable de se servir d'un laminoir à cylindres nickelés.

Troisième méthode. — On obtient une surface moins brillante encore en n'appliquant pas les épreuves sur la glace talquée, en les séchant entre du papier buvard et les suspendant comme les épreuves sur papier nitraté; on peut les laminer à chaud ou à froid.

Voici, d'autre part, les formules de la maison P. Morgan et Cie.

Développateur

N° 1. Oxalate neutre de potasse. . 250^{gr}
      Bromure d'ammonium. . . . 15
      Eau chaude. 1600

N° 2. Sulfate de fer. 40
      Eau chaude. 1600
      Acide citrique. 15

Filtrer ou laisser déposer et, pour l'usage mélanger par parties égales, ajoutant la solution n° 2 à la solution n° 1 et non *vice-versa*.

APPENDICE.

Bain d'alun

N° 3. Alun ordinaire . . . . 125^{gr}
Eau. 2500

Bain de virage

N° 4. Acétate de soude 160
Chlorure de chaux 8
Eau. 2500

N° 5. Chlorure d'or 1
Eau. 125

Pour l'usage, mélanger 30^{cc} de la solution n° 4 et 7^{cc} à 8^{cc} de la solution n° 5 ; puis ajouter 325^{cc} d'eau chaude. Le mélange 4 et 5 doit toujours être fait avant l'addition de l'eau chaude. Laisser reposer jusqu'à complet refroidissement.

Bain de fixage

N° 6. Hyposulfite de soude . . . . 150^{gr}
Eau. . . . . 1^{lit}

Développement. — Mélanger les solutions n° 1 et n° 2 par parties égales. Les épreuves doivent être immergées *sèches* ; on en peut développer plusieurs à la fois ; mais il faut les bouger constamment. L'image apparaît lentement et demande de deux à trois minutes pour être à point. Aussitôt que tous les détails du cliché apparaissent, retirer les épreuves du développateur et les laver immédiatement dans plusieurs eaux. Il n'est pas indispensable, vers la fin du développement, que la lumière soit rigoureusement non actinique ; on peut s'éclairer d'un bec de gaz peu ouvert à condition que la cuvette n'en soit pas trop rapprochée. Ne pas pousser le développement trop loin et s'attacher à obtenir plutôt des détails que de la vigueur. Une épreuve correctement posée et développée paraît faible, grise, et souvent de couleur jaunâtre, au sortir du développateur, mais gagne puissamment en vigueur au virage et au fixage. Une pose trop courte et un développement dépassé fournissent des tons ternes et gris. Un temps de pose suffisant donne des tons chauds. Pour obtenir ceux-ci très accentués, on ajoute au développateur une quantité égale d'eau distillée.

Alun. — Après développement et lavage, laisser les épreuves séjourner environ 5^m dans la solution n° 3, sans dépasser ce temps, ce qui diminuerait l'intensité. Ce traitement sert à éliminer toute trace de développateur et à rendre plus consistante la surface des épreuves. Lavées à plusieurs eaux, elles seront alors prêtes pour le virage.

Virage. — L'opération du virage est exactement la même que celle par laquelle on traite le papier albuminé. Les épreuves gagnent en éclat et changent de ton dans ce bain, dont il ne faut pas trop prolonger l'action, l'intensité s'augmentant par la dessiccation; laver encore soigneusement et fixer.

Fixage. — Placer les épreuves dans la solution n° 6, où elles doivent rester environ 10^m. Là encore elles gagnent considérablement en brillant; sitôt fixées, les laver dans l'eau courante pendant plusieurs heures

Montage. — Choisir une glace sans défauts, la nettoyer et la polir avec un tampon de talc, la couvrir d'eau, étendre les épreuves la face contre la plaque et passer à la racle pour chasser les bulles et assurer le contact. Si ces épreuves doivent être montées, on les enduira de colle à l'amidon lorsqu'elles seront à moitié sèches et pendant qu'elles sont encore sur les glaces. Les laisser alors sécher spontanément, puis les arracher et les couper au calibre. Il est inutile ensuite de les mouiller pour le collage. Il suffit de passer sur le carton une éponge humide et d'y assujettir l'épreuve, puis passer au cylindre. Ce procédé donne un demi brillant fort agréable. Si l'on désire le brillant de l'émaillage, on colle au verso des épreuves, alors qu'elles sont encore sur les glaces, un bristol très mince bien fixé à la racle et on laisse sécher. Enfin, après lavage, on peut sécher, monter et cylindrer à froid ou à chaud à la manière ordinaire, ce qui donne le brillant de l'albumine.

Vignettes. — Les vignettes s'impriment à la façon ordinaire. Les dégradateurs doivent seulement être recouverts de papier végétal ou d'un verre dépoli et éloignés du cliché de $0^m,04$ à $0^m,05$.

Observations importantes. — Le bain de virage doit être employé le jour même où il est mélangé.

Chaque opération doit se faire dans une cuvette spéciale. Éviter que la moindre parcelle de développateur ou d'hyposulfite tombe dans le bain de virage, car l'or serait précipité. Toute trace d'acide pyrogallique ou d'hyposulfite sur les épreuves, pendant qu'elles sont dans le développateur, cause des taches ineffaçables. Le même développateur ne peut servir pour une grande quantité d'épreuves, parce qu'il se détériore peu à peu, ce qui occasionne des taches. Laver aussi rapidement que possible après chaque opération, surtout après développement, pour éviter les nuances. En sortant du fixage, les épreuves doivent paraître un peu claires, car elles gagnent au séchage beaucoup de vigueur et d'intensité.

Pour compléter nos indications relatives à cet intéressant procédé, nous donnerons encore la formule publiée par M. Warnerke, qui fabrique également un excellent papier au gélatinochlorure d'argent.

Voici son développateur :

A. Oxalate neutre de potasse . . . 25^{gr}
Bromure d'ammonium . . . . .
Eau 100

B. Sulfate de fer 10
Eau 150

Ajouter un peu d'acide citrique et mélanger par parties égales :

APPENDICE.

Développateur au citrate ferreux

- A. Acide citrique . . . . 200^{gr}
  Carbonate d'ammoniaque. . . . 100
  Eau 500
- B. Sulfate de fer 100
  Eau 500
  Acide citrique cristallisé. . . . 1
- C. Sel de cuisine 5
  Eau 100

Mélanger A et B par parties égales et ajouter quelques gouttes de C, selon le temps de pose et le ton désiré.

Le développateur à l'oxalate peut être mélangé à celui au citrate. Les tons les plus chauds sont obtenus par ce dernier.

SENSITO-COLORIMÈTRE.

Pour se rendre compte de l'action exercée par les rayons lumineux de diverses couleurs, on peut se servir d'un écran ou échelle polychrome formée avec des fragments de feuilles de gélatine des couleurs du spectre solaire. On dispose ces diverses bandes dans leur ordre normal, sur une plaque de verre, et l'on applique contre elles, pour les maintenir de l'autre côté, une feuille de mica. Le tout est fixé à l'aide de bandes de papier collées tout autour sur les bords du verre et du mica.

Pour avoir des colorations plus ou moins intenses, on forme, pour chaque couleur distincte, une échelle comprenant, par exemple, six teintes dont l'une est composée par la superposition de six épaisseurs de la même feuille violette, l'autre de cinq superpositions, puis le troisième de quatre, et ainsi de suite jusqu'à la teinte la plus faible d'une des couleurs, laquelle n'est formée que par l'épaisseur d'une seule feuille.

Sous chacune des six cases de chacun des bords de cet écran propre à la mesure de l'action des rayons colorés, se trouve un numéro indiquant la case et une lettre indiquant la couleur.

Ainsi, pour la bande du violet, on a pour la case la plus translucide l'indice 1 V et pour la case la moins translucide l'indice 6 V.

Cet appareil fort utile peut rendre de sérieux services pour l'appréciation de la sensibilité par contact, aux rayons diversement colorés des plaques préparées à l'éosine, à la chlorophyle, etc.

On trouvera ces écrans polychromes chez les divers dépositaires d'accessoires, produits et appareils photographiques.

RÉVÉLATEUR AU SOUS-CARBONATE DE SOUDE.
(*Vulgo, Cristaux de soude, carbonate*).

Voici la formule étudiée et recommandée par notre habile collègue, M. Balagny.

1. Eau. . . . . 1^{lit}
 Sous-carbonate de soude . . . . 200^{gr}

APPENDICE.

2. Eau. 250ᶜᶜ
   Sulfate de soude 50ᵍʳ
3. Acide pyrogallique 10
   Alcool à 40°. 150

Prendre 250ᶜᶜ de la solution au carbonate de soude et les mettre dans un flacon, puis y ajouter 2ᵍʳ de bromure d'ammonium.

Cela fait, supposons que l'on ait à développer d'abord une épreuve instantanée, puis un négatif ordinaire.

1° *Instantanéité*. — Mettez dans un verre pour une plaque du format 13 × 18.

Eau. 50ᶜᶜ
Sulfite (2). 5
Acide pyrogallique (3) 5
    ou bien 0ᵍʳ,25, en poudre.

Mouillez quelques instants le négatif avec cette solution, puis ajoutez dans le verre, d'abord 10ᶜᶜ de la solution sodique non bromurée et en outre 2ᶜᶜ de la solution bromurée. Mélangez bien, en versant sur ces 12ᶜᶜ de carbonate liquide, le liquide qui se trouve dans la cuvette, puis projetez le tout sur l'épreuve.

Si elle tarde trop à venir, ajoutez quelque peu de la solution non bromurée. L'image se montre bientôt et gagne en intensité. Quand tous les détails sont bien venus, ce qui ne s'obtient que par des additions successives de la solution alcaline, on monte définitivement le cliché, en ajoutant d'abord 5^{cc} de la solution alcoolique d'acide pyrogallique, et, pour terminer, si cela est nécessaire, encore 5^{cc} de la solution de carbonate de soude.

Si l'on était obligé de supprimer entièrement le bromure pour des instantanéités trop rapides, il faudrait être sûr d'avoir affaire à des plaques ne voilant pas.

L'addition de bromure a pour effet de retarder la venue de l'image, ce qui résulte aussi de l'emploi de l'acide citrique.

2° *Pose normale*. — Opérer de même façon que ci-dessus, mais en ne faisant usage que du carbonate bromuré que l'on peut même étendre de moitié d'eau pour le cas des longues poses, mais en dosant le mélange de façon que 250^{cc} de carbonate ramenés ainsi à 10 pour 100 contiennent 2^{gr} au moins de bromure d'ammonium.

S'il y a insuffisance de pose, on ajoute au carbonate bromuré une petite quantité de carbonate non bromuré pour faire venir les détails, mais la partie principale du développement doit avoir lieu au carbonate bromuré.

Ce développement donne des intensités très énergiques, tout en laissant de la transparence aux noirs.

Pour le portrait, la pose étant généralement courte, 1^{gr} de bromure d'ammonium pour 250^{cc} doit suffire; mais, pour les paysages, les intérieurs, 2^{gr} conviennent très bien.

APPENDICE. 205

Pour le trait, les gravures, les projections, partout enfin où des blancs et des noirs sont nécessaires, mettez 3^{gr} de bromure d'ammonium. Ces proportions seraient insuffisantes si l'on se servait de potassium.

M. Balagny est d'avis que ce développateur est d'un emploi très avantageux ; il croit même pouvoir affirmer qu'avec le carbonate de soude on peut donner à des plaques très rapides la faculté de poser longtemps et de fournir ensuite des négatifs aussi intenses que ceux qui résulteraient d'une émulsion lente.

En ajoutant aux développateurs indiqués dans les premiers paragraphes de cet appendice celui que nous venons de décrire, les amateurs auront certes du choix, en plus des développateurs qu'on trouvera dans la première partie du Manuel.

Il est bon d'avoir plusieurs cordes à son arc, surtout en vue du développement des épreuves dites instantanées auxquelles il faut naturellement appliquer les révélateurs les plus énergiques.

Il est fort probable que, si courte que soit la durée de l'action lumineuse, l'image existe à l'état latent dans la couche sensible ; il s'agit donc de trouver un développateur capable de la faire apparaître.

Nous marchons à grands pas vers la solution complète de ce problème, et le jour où les progrès cherchés seront atteints, nous pourrons ne plus nous occuper de la question, si importante encore aujourd'hui, de la durée de la pose et reproduire tout instantanément en usant seulement, quant à la révélation, de développateurs appropriés à l'intensité de l'action lumineuse.

COLLODION POUR NÉGATIFS BLANCS ET NOIRS, ET RENFORÇATEUR.

Quand on veut faire des reproductions de sujets au trait, pour la gravure sur zinc ou sur cuivre, il est indispensable de posséder un procédé permettant d'avoir des négatifs très lumineux dans les blancs et très opaques dans les noirs. Il existe, pour arriver à ce résultat, bien des formules. Nous allons en donner deux différentes quant au mode de renforçage; mais, avant tout, indiquons un bon collodion propre à ce genre spécial d'opérations.

Jusqu'ici les négatifs au gélatinobromure n'ont pas donné des résultats satisfaisants pour les reproductions de sujets au trait. Ces négatifs ne sont pas aussi nets que ceux au collodion, et l'impression au bitume étendu sur plaques de zinc ou de cuivre s'en ressent considérablement ; le collodion seul donne des traits d'une acuité parfaite des négatifs dans lesquels le passage du blanc au noir et réciproquement s'effectue brusquement, sans transition graduée, ainsi que cela a lieu dans les couches de gélatinobromure. Sans doute pourrait-on avec de la gélatine arriver à un résultat convenable; mais il faudrait alors user de couches excessivement minces et très riches en bromure d'argent.

Or, la plupart des plaques émulsionnées que l'on trouve dans le commerce ne répondent pas à ce *desideratum*, mieux est de se servir d'un bon vieux collodion, de revernir ou mieux de continuer à employer en pareil cas le procédé dit au collodion humide.

Parmi les nombreuses formules de collodion, on n'a que l'embarras du choix; en voici cependant un qui marche très bien.

Alcool rectifié	40^{cc}
Éther à 62°	60
Pyroxyline	1 à 1 1/2^{gr}
Iodure de cadmium	1^{gr}

Ce collodion étant bien décanté et filtré, on en recouvre les glaces en verre comme d'habitude et l'on sensibilise dans un bain d'argent composé comme il suit :

Eau distillée	1000^{cc}
Azotate d'argent cristallisé	80^{gr}
Acide acétique	60

Le développement est fait avec du sulfate peu additionné d'alcool et d'acide acétique ou d'acide pyroligneux.

En voici la formule :

Sulfate de fer pur.	60gr
Eau ordinaire.	1000cc
Acide pyroligneux.	100

On fixe au cyanure de potassium,

Eau.	1000cc
Cyanure de potassium.	30gr

Puis, après lavage à fond, on procède au renforçage en suivant la marche ci-après.

D'abord le négatif est immergé dans un bain composé de :

Eau.	1000cc
Bichlorure de mercure	150gr
Acide chlorhydrique	10cc

Il y blanchit et dès qu'il a acquis une couleur d'un blanc laiteux, on lave abondamment et l'on immerge dans une solution à 5 pour 100 de sulfhydrate d'ammoniaque.

L'épreuve sous l'action de ce dernier produit se transforme dans toutes les parties teintées du négatif en sulfure d'argent composé qui est d'un noir intense; dès que le noir est suffisant, et sans laisser se couvrir les traits les plus fins, on lave immédiatement et le cliché est terminé.

Il n'y a plus, si besoin est, qu'à l'enlever à l'état pelliculaire.

Au cas où un voile se produirait sous l'influence du sulfhydrate d'ammoniaque, on n'aurait, pour

APPENDICE.

le faire disparaître, qu'à passer le négatif dans un bain

> Eau ordinaire. 1000cc
> Acide nitrique ordinaire   200

en ayant soin de bien laver après avoir fait agir ce liquide.

Voici un autre procédé de renforçage qui donne des négatifs très opaques dans les noirs, tout en laissant des traits très lumineux.

Ces négatifs sont couleur rouge brique, la teinte y est celle du chromate d'argent, corps très opaque que l'on obtient en suivant la marche ci-après indiquée :

Le négatif préalablement fixé au cyanure à 3 pour 100 et bien lavé est immergé dans une cuvette contenant un bain de

> Eau. 1700cc
> Prussiate rouge de potasse. . . .   65gr
> Nitrate de plomb pur. 100

Après une immersion de quelques instants dans cette liqueur, on lave abondamment et l'on plonge dans cet autre liquide

> Eau. 1000cc
> Chromate jaune de potasse 80gr
> Ammoniaque liquide ordinaire . . 300

Dès que le négatif a pris une belle couleur

rouge-brun bien régulière partout, on lave et on laisse sécher.

On enlève à l'état pelliculaire s'il y a lieu.

Le négatif propre à ce dernier renforçage doit être plutôt faible que noir. Il faut donc se contenter de développer l'image seulement pour l'avoir complète, sans chercher tout d'abord à pousser à l'intensité. Il en résulterait un épaississement des traits déliés et le négatif perdrait de sa valeur.

REDRESSEMENT DES NÉGATIFS SUR COLLODION.

Le moyen le plus simple consiste dans l'emploi d'une feuille de gélatine mince dont on double le négatif. Il faut avoir eu soin, préalablement, de talquer les glaces ou les verres sur lesquels on exécute les clichés. Puis, une fois les dernières opérations terminées et sans laisser sécher la couche de collodion, on immerge la feuille de gélatine, coupée de la dimension voulue, dans une cuvette pleine d'eau filtrée. Cette feuille s'y ramollit rapidement si l'on a mis par dessus la plaque, le négatif par dessus, de telle sorte que l'on peut sortir le tout ensemble.

A l'aide d'une racle en caoutchouc on enlève l'eau en excès. La gélatine adhère partout au collodion, et s'il y a des bulles d'air on les chasse avec précaution. Enfin, l'on borde avec du papier gommé et albuminé et on laisse sécher dans un

APPENDICE.

milieu tranquille, et même si la température est très élevée, entre des feuilles de papier buvard et à l'abri de tout courant d'air. Dès que la dessiccation est complète, on peut, pour emprisonner la gélatine entre deux couches de collodion, collodionner la surface avec du collodion normal à 1,5 pour 100 de pyroxyline. On attend que cette nouvelle couche se soit parfaitement séchée; puis l'on coupe les bords de l'épreuve avec une pointe de canif et l'on détache la pellicule sans aucune peine.

Si l'on n'avait à sa disposition des feuilles de gélatine, il faudrait, après avoir calé la plaque bien horizontalement, la recouvrir de bord à bord sur toute sa surface, d'une solution filtrée de

Gélatine	20^{gr}
Eau	100

On s'en sert à l'état tiède après avoir chauffé légèrement la glace pour que la gélatine puisse être bien régulièrement étendue sur toute la surface avant de se figer.

Il faut que l'épaisseur de cette couche soit d'environ 2^{mm} au moment où l'on a versé la gélatine liquide. Une fois sèches elles ont l'épaisseur et la consistance convenables.

Il va sans dire que la dessiccation doit s'opérer dans un endroit exempt de poussière et aussi d'une façon assez lente pour qu'il n'y ait à redouter un soulèvement spontané de la couche.

Dès que celle-ci est parfaitement sèche, on collodionne sa surface si l'on veut abriter la gélatine contre l'action trop immédiate de l'humidité de l'air, et quand le collodion est bien sec, on coupe tout autour et l'on enlève la pellicule.

Dans l'un et l'autre cas, c'est une opération des plus faciles.

PROCÉDÉS DE PHOTOCALQUE.

Nous désignons sous ce vocable le calque que l'on fait directement sur une photographie sans l'interposition d'un papier plus ou moins dioptrique.

Le touriste, le savant peuvent souvent avoir besoin de dégager un objet de tout ce qui l'entoure.

On aura, par exemple, reproduit un monument dont on voudra donner un dessin au trait à l'appui d'une description. Il est agréable en ce cas, sans avoir besoin de recourir à un dessinateur, de pouvoir exécuter soi-même cette transformation dont on pourra ensuite faire tirer à l'aide d'un report lithographique ou zincographique tel nombre d'épreuves qu'on désirera.

Ce qui est charmant dans ce procédé, c'est de faire disparaître l'image photographique une fois le dessin au trait terminé. Cette image peut d'ailleurs être reconstituée, si besoin est.

Évidemment, la connaissance de pareils procédés doit être utile au plus grand nombre de nos lecteurs, aussi n'hésitons-nous pas à les leur décrire dans leurs phases diverses :

Si l'on veut faire de l'autographie, c'est-à-dire tracer un dessin susceptible d'être transporté directement sur pierre ou sur zinc, on le prépare d'abord avec un léger encollage formé d'amidon et de gomme arabique en dissolution dans l'eau additionnée d'un peu de sucre.

Cet encollage une fois sec, on passe les feuilles sur un bain de gélatine chaud, à 8 pour 100 de gélatine.

D'autres formules sont encore indiquées :

Amidon	500^{gr}
Colle de Flandre	5
Colle de poisson	1
Eau ordinaire	5^{lit}
Gomme-gutte	30^{gr}

Passer d'abord sur l'épreuve une couche d'empois, puis, après dessiccation, passer une deuxième couche composée de

Gélatine	200^{gr}
Gomme adragante	100^{gr}
Eau	1^{lit}

Pour faire cette solution, on met les produits solides à tremper dans l'eau pendant une nuit et l'on fait dissoudre le tout, le lendemain, en poussant la chaleur jusqu'à l'ébullition.

Nous devons dire que les épreuves que l'on traite de cette façon doivent être imprimées sur du papier salé et non albuminé.

Préparation du papier salé sensible.

On choisit le papier blanc, d'une force moyenne, du bon papier écolier suffit. On trempe ce papier dans de l'eau ordinaire tenant en dissolution 5 pour 100 de sel de cuisine.

Il y est laissé cinq minutes environ; après quoi on le met à sécher, suspendu à un liteau de bois par un coin.

Quand on voudra se servir de ce papier, on le sensibilisera dans le bain suivant :

> Azotate d'argent . . . . 10^{gr}
> Eau 100
> Nitrate de magnésie 12

Le papier est mis à flotter sur ce bain du côté lisse pendant quatre minutes, puis on laisse sécher dans l'obscurité.

L'insolation a lieu comme d'ordinaire, et une fois l'épreuve arrivée au degré d'intensité convenable, on se borne à la fixer dans un bain d'hyposulfite de soude à 10 pour 100.

On lave bien et l'on a des épreuves prêtes à recevoir soit l'encollage autographique ci-dessus indiqué, soit le dessin direct à l'encre de Chine.

Quand on veut dessiner en vue de l'autographie, il faut se servir d'encre lithographique en bâton que l'on délaye dans un godet avec quelques gouttes d'eau. L'épaisseur de cette encre doit être telle que l'on puisse avec une plume très fine obtenir purement les traits les plus déliés.

Destruction des épreuves photographiques.

Si l'on veut, une fois le dessin direct exécuté, faire disparaître la photographie, sans espoir de retour, on fait la préparation suivante :

$$\begin{aligned}&\text{Eau} \dots\dots\dots\dots\dots\dots\ 100^{gr}\\&\text{Cyanure de potassium} \dots\dots\ 3\end{aligned}$$

De cette solution on prend 5^{cc}, et on y ajoute de l'iode jusqu'à coloration, puis on mélange le tout.

L'épreuve immergée dans cette liqueur y disparaît bientôt entièrement.

Il n'y a plus qu'à bien laver.

Voici une autre formule conduisant au même but :

$$\begin{aligned}&1.\ \text{Eau} \dots\dots\dots\dots\dots\ 250^{gr}\\&\quad\text{Cyanure de potassium} \dots\ 10\\&2.\ \text{Eau} \dots\dots\dots\dots\dots\ 25\\&\quad\text{Iodure de potassium} \dots\ 4\\&\quad\text{Iode en paillettes} \dots\dots\ 0,50\end{aligned}$$

On mélange 100 parties du premier flacon et 130 du deuxième.

Si l'on veut ne faire disparaître l'image qu'avec le désir de la raviver au besoin, rien de plus aisé.

On l'immerge dans un bain de

   Bichlorure de cuivre. . . . . 15^{gr}
   Eau 100

On lave ensuite à l'eau.

L'image disparaît ainsi complètement; mais tient-on à la ressusciter? rien de plus simple, on n'a qu'à l'immerger dans un bain formé de mélange des deux solutions suivantes :

  Oxalate neutre de potasse à saturation. . 3 parties.
  Sulfate de fer pur   id. . . 1 partie.

Mais si l'on veut la détruire à jamais, il n'y a, une fois que le bain de bichlorure de cuivre a produit son effet, qu'à la laver à l'eau et à l'immerger dans un bain d'hyposulfite de soude à 15 ou 20 pour 100.

On peut encore faire disparaître une épreuve et la faire revenir avec sa couleur primitive en usant des moyens suivants :

Dans 20^{cc} d'acide chlorhydrique on introduit du bichlorure de mercure jusqu'à saturation.

On ajoute ensuite de 300^{cc} à 400^{cc} d'eau. L'épreuve disparaît dans ce bain, et pour la reconstituer, il suffit de la plonger dans une dissolution d'hyposulfite de soude à 8 pour 100.

APPENDICE.

L'ensemble de tous ces divers moyens a été pratiqué avec un plein succès au laboratoire du Ministère des travaux publics sous la direction de M. Cheysson. Ce sont les formules employées dans ce laboratoire que nous avons cru devoir indiquer de préférence à toutes autres.

Il va sans dire que, lorsqu'on fait du calque en vue des reports autographiques, il n'y a pas à songer à faire disparaître l'image, ce serait d'une part sans utilité et d'autre part nuisible, l'encollage pouvant être dissous par les bains divers et entraîner le dessin lui-même, qui serait perdu.

La disparition de l'image s'impose au contraire quand on veut faire exécuter un cliché d'après le dessin au trait en vue d'une héliogravure quelconque; elle s'impose aussi quand on tient à dégager à titre de document une partie d'une image de tous les autres objets qui l'entourent.

Il y a d'ailleurs de nombreuses applications et des plus intéressantes à faire de ces divers procédés; chacun saura bien trouver celles qui peuvent lui servir.

Devis approximatif de la première dépense à faire pour l'achat d'un matériel photographique de campagne.

Il serait difficile de déterminer avec précision la dépense qu'aura à faire un touriste désireux de se munir des appareils, produits et accessoires photographiques. Tout dépend de l'appareil choisi et il y en a de toutes dimensions et de tous prix. Nous nous bornerons donc ici à fournir, à titre de renseignement approximatif, une indication sommaire des objets nécessaires et de leur coût moyen pour que l'on sache à peu près à quel prix on pourra se procurer le premier matériel normal propre aux opérations photographiques à l'extérieur.

Il faut tout d'abord se préoccuper du choix d'un appareil photographique proprement dit; ce qui comprend une chambre noire munie de son objectif et d'un obturateur instantané, des châssis-négatifs et un pied portatif.

Ainsi que nous l'avons dit dans la première partie de ce Manuel, il paraît difficile de dépasser les dimensions 13 × 18. Si l'on veut user d'un appareil photographique directement transportable, et encore, à notre point de vue, semble-t-il peu commode de transporter soi-même un appareil 13 × 18 avec ses châssis et son pied, si la tournée à faire est longue, s'il s'agit d'une excursion dans des montagnes. En pareil cas les limites de la portativité ne doivent pas excéder un appareil dit de quart de plaque, soit de 9 × 12.

Il y a au-dessous de cette dimension des appareils plus portatifs encore; ce sont ceux de 8 × 9 et notre *en-cas* photographique de poche qui est de 6 × 7.

En s'en tenant au grand maximum d'un appareil 13 × 18, voici le devis approximatif de la dépense moyenne pour les premiers achats.

Chambre noire 13 × 18 avec six châssis doubles, choisie parmi les bons types. . . .	Prix moyen.	180^{fr} à 200^{fr}
Objectif rectilinéaire.	—	72 à 100
Obturateur instantané	—	25 à 50
Pied portatif.	—	15 à 25
Soit en totalité pour l'appareil complet une dépense de . .		295^{fr} à 375^{fr}

Si l'on se borne à faire l'achat d'un appareil 9 × 12, la dépense sera moindre.

Elle se décompose ainsi :

Chambre noire et six châssis.	Prix moyen.	120^{fr} à 150^{fr}
Objectif rectilinéaire.	—	55 à 75
Obturateur instantané	—	15 à 35
Pied	—	12 à 15
Ce qui pour le total donne de		202^{fr} à 275^{fr}

DEUXIÈME PARTIE.

Si l'on se sert, soit de l'appareil 8 × 9, soit de *l'en-cas* photographique, cette dépense peut être moindre encore que le chiffre le plus élevé de l'approximation ci-dessus, mais pourtant sans que la différence puisse être bien grande.

L'on est donc fixé dès maintenant, puisque l'on sait que, moyennant un prix total, qui peut varier de 200 à 375 francs, on a la possibilité d'acheter un bon outil bien construit et propre à tous les travaux de la photographie négative courante.

Mais l'appareil n'est pas tout, il faut encore se munir d'accessoires qui vont être indiqués en les supposant tous applicables aux opérations à faire sur des plaques du format 13 × 18.

Qui peut le plus peut le moins. Il convient donc de se baser sur cette dimension *maxima*, à moins que, pour des opérations à effectuer en cours de voyage, on n'ait un motif impérieux d'emporter le matériel le plus réduit possible.

Nous nous occupons ici tout d'abord des accessoires d'atelier et nullement de ceux à emporter avec soi :

On achètera donc 4 ou 6 châssis-presses.

3 du format 21 × 27 à.			9^{fr}, »	27^{fr}, »
3 du format 18 × 24 à.			11 »	33 »
4 cuvettes en verre, 13 × 18 à.		2 »	8 »
2	—	en porcelaine, de 20 × 14 à..	205 »	4 10
4	—	en gutta, de 23 × 30 à. . . .	450 »	18 »
2	—	— de 28 × 38 à. . . .	8 »	16 »
1	—	en bois et verre double, de 30 × 39 à		7 70

APPENDICE. 221

1 voile noir.................	4^{fr},	»
2 égouttoirs moyens .... à 2^{fr},50.	5	»
1 cuvette en zinc à rainures............	12	»
1 lanterne de laboratoire à verre rouge	10	»
1 balance de 1^{kg}	18	»
1 blaireau pour épousseter...........	1	75
Calibre à découper les épreuves en glace, à boutons, format carte.............	1	»
Calibre à découper les épreuves en glace à boutons, format album.............	2	»
Calibre en zinc pour découper les ovales, carte..	1	»
Calibre en zinc pour découper les ovales, album.	2	»
Photomètre négatif...............	5	»
10 entonnoirs divers assortis...........	3	»
1 étui cylindrique pour le papier sensibilisé. .	5	»
100 filtres Laurent................	2	»
1 lampe à alcool en cristal..........	2	»
1 lampe pour mise au point..........	10	»
1 mortier en porcelaine et son pilon.......	2	75
1 niveau d'eau à bulle d'air..........	2	50
Flacons col droit depuis 100^{cc} jusqu'à 1 litre, une collection................	20	»
Flacons à goulot étroit assortis de liège ...	10	»
» bouchés à l'émeri assortis de liège. .	10	»
TOTAL.........	216^{fr},70	

Il nous reste à ajouter à la somme de 216 francs environ que coûteront les accessoires divers la dépense occasionnée par l'achat des premiers produits, soit :

3^{kg} oxalate neutre de potasse...... à 3	9^{fr},	»
2 sulfate de fer pur.............	1	»
3 hyposulfite de soude....... à 0.60	1	80
100^{gr} bromure d'ammonium..........	6	50
200 sulfite de soude.............	4	75

500gr alun ordinaire pulvérisé	0fr,50	
100 acide citrique pur	1	50
100 acide pyrogallique	5	50
1500cc ammoniaque liquide à 25°	1	35
200 acide sulfurique pur	1	»
2gr chlorure d'or	4	50
200 acétate de soude fondu	1	20
1 main de papier positif sensibilisé	15	»
5 douzaines plaques sensibles à 6	30	»
Total	74fr,50	

Ajoutant cette somme aux nombres précédents, nous arrivons à un total, en y comprenant appareils, accessoires et produits, le tout d'excellente qualité, 600 francs au maximum.

Il va sans dire que la dépense sera ensuite d'autant plus forte que l'on produira davantage, mais il suffit, pour le moment, d'indiquer qu'avec une dépense approximative de 600 francs environ, on sera parfaitement monté pour se mettre au travail et pour produire même un certain nombre d'épreuves négatives et positives à titre d'essai.

On peut encore économiser sur ce devis ; mais on devra ne pas oublier que l'économie ne doit pas aller jusqu'à la limite où l'on ne peut avoir que des appareils imparfaits. Nous savons qu'on peut se procurer, pour la somme de 50 francs, un appareil 13 × 18 complet, objectif compris ; mais, si on nous en croit, on évitera de donner dans ce bon marché coûteux.

Avant tout, pour tirer un parti convenable et

utile des reproductions photographiques, il faut être outillé de façon à obtenir de bons résultats, et l'on n'y parviendra jamais avec des outils défectueux.

Si l'on se bornait à user d'un *en-cas photographique* ou d'appareils similaires, en ne prenant qu'un matériel de dimensions appropriées à des plaques de 8×9 ou de 6×7, on aurait encore moins à dépenser, et on devrait alors ne compter que sur un coût total de 350 à 400 francs. Mais, en pareil cas, il est indispensable de faire usage, si l'on tient à agrandir les épreuves d'un format aussi réduit, d'une lanterne à agrandissement et à projection, laquelle coûtera environ 80 francs.

Avec une lanterne de cette sorte, qu'on peut trouver soit chez M. Molteni, soit chez M. Laverne, on arrive, en usant du même objectif à court foyer qui a servi à imprimer les négatifs, à l'agrandissement des petits clichés dans les formats de 13×18 jusqu'à 21×27, sans qu'il en résulte trop de déperdition.

Avec du papier très sensible au gélatinobromure d'argent ([1]), on obtient ainsi très rapidement des épreuves positives directement agrandies, sans avoir à passer par une contre-épreuve du négatif direct.

Mais si c'est un négatif agrandi que l'on désire,

([1]) En vente, chez MM. Morgan et Cie, boulevard des Capucines, 29.

il faudra nécessairement passer par une petite épreuve positive tirée du négatif original.

Quoi qu'il en soit, il est à peu près indispensable, avec les appareils de poche, d'avoir chez soi, sans recourir à un intermédiaire, le moyen de faire des épreuves agrandies.

Ainsi qu'on vient de le voir, le coût total ne se trouve pas pour cela considérablement augmenté.

Il ne faut pas oublier que la lanterne à agrandissement sert aussi de lanterne à projection, ce qui permet, des positifs étant imprimés par contact sur des plaques de verre au gélatinochlorure (en vente chez M. Hutinet et chez M. Marion) de se servir des résultats obtenus en cours de voyage pour en faire usage, en ayant sous les yeux l'épreuve fort agrandie, jusqu'à 1^m de hauteur, pour des travaux artistiques ou scientifiques, et aussi pour donner à ses amis, à sa famille des séances fort intéressantes, en projetant en leur présence toute une collection de vues, d'œuvres d'art, etc., recueillies en cours d'excursion.

Les professeurs trouveront dans l'emploi de ces en-cas photographiques, avec le complément d'une lanterne à projection, un auxiliaire des plus puissants pour leurs démonstrations.

De ce qui précède il résulte bien que l'on peut, sans se livrer à des dépenses folles, faire un emploi continuel du crayon photographique, propre à tous les genres de copie et avec lequel on arrive à

APPENDICE.

un degré d'exactitude et d'authenticité que ne donnerait aucun autre moyen, aucun autre crayon, fût-il entre les mains du dessinateur le plus habile. Ajoutons à cela la rapidité d'exécution telle aujourd'hui que l'on pratique l'instantanéité de la façon la plus courante, pourvu qu'on dispose d'une lumière suffisamment intense.

Il est des objectifs assez lumineux pour que, même par un temps couvert, on obtienne l'instantanéité avec leur aide et sur des plaques d'une bonne sensibilité moyenne, semblable à celle des plaques Lumière, Stebbing Merville et Cie, Guilleminot, Franck, Atout, Tailfer et John Clayton, etc., sans parler des plaques fabriquées à l'étranger, telles que celles de Monkhoven, Paget, Britannia, de la maison Marion, Engel Feitknecht, etc. Avec toutes ces marques et bien d'autres encore on obtient des épreuves instantanées très complètes, pourvu que l'on sache diriger le développement d'une façon convenable.

Des ouvrages à consulter, nous ne dirons rien. Il en est dans la librairie Gauthier-Villars qui répondent à tous les besoins, et chaque année voit apparaître de nouveaux livres photographiques où se trouvent décrits les procédés les plus récents, les progrès les plus nouveaux.

Nous conseillerons cependant à tout amateur de s'abonner à un journal photographique bien informé, afin de suivre pas à pas les nouvelles découvertes, les perfectionnements incessamment apportés à un art où il reste tant à faire encore, en dépit des merveilleux résultats qu'il produit actuellement. Une publication périodique bien informée est le complément indispensable de tous les traités; si complets que soient ces derniers, ils ne sauraient suivre d'aussi près qu'un journal périodique la marche progressive des inventions et des applications photographiques; une revue de ce genre constitue une sorte de traité permanent au sein duquel l'amateur et le savant trouvent sans cesse à faire de nouvelles études qui rendent la science photographique bien plus attrayante pour eux, car elle devient ainsi pour leur esprit la source féconde d'émotions continuelles, tandis qu'il poursuit sans cesse un inconnu dont il se rapproche graduellement sans pouvoir jamais l'atteindre.

Il y a là, comme dans tous les autres arts, une bonne part faite à l'idéal.

Puissent-ils en être bien convaincus, ceux à qui l'on s'efforce de vouloir démontrer que la photographie constitue une application scientifique purement mécanique!

APPENDICE.

TABLEAU DE DIVERSES VITESSES (¹)

PAR M. JAMES JACKSON.

	Mètres par seconde.
Un homme au pas, 4^{km} à l'heure	1.11
Un homme à la nage (J.-B. Johnson, 5 août), 805^m en 12^{min}	1.12
Un homme au pas, 6^{km} à l'heure	1.66
Tramways, de	2 à 3.50
Navires, 9 nœuds à l'heure (9×1852^m)	4.63
Chameau, 185^{km} en $10^h 20^m$	4.97
Navire, 12 nœuds à l'heure, (12×1852^m)	6.17
Navire, 17 nœuds à l'heure, (17×1852^m)	8.75
Course en vélocipède, 2 milles anglais en $5^m 33^s$	9.65
Torpilleur, 21 nœuds 76, à l'heure	11 »
Patineur exercé	12 »
1° Cheval de course (trot), 1 mille anglais en $2^m 10^s$	12.36
Train express de 60^{km} à l'heure	16.67
Train rapide de 75^{km} à l'heure	20.83
2° Cheval de course (galop), Little-Duck, 25 mai 1884, en $2^m 22^s$	16.90
Lévrier	25.34
Pigeon voyageur au vol, d'après Gobin	27 »
Train éclair de 100^{km} à l'heure	27.77
Vol de l'hirondelle	67 »
Vol du martinet	88.90
Vitesse initiale d'une balle de fusil à vent, compression 100 atmosphères	206 »
Vitesse d'une balle de fusil (fusil Martini-Henry)	385 »

(¹) Extrait de la *Revue mensuelle d'Astronomie populaire*, publiée par Camille Flammarion. (Paris, Gauthier-Villars, éditeur, 55, quai des Augustins.)

	Mètres par seconde.
Vitesse d'un boulet de canon (armée de terre)	500
Vitesse d'un boulet de canon (canon de marine), de................	605 à 700
Explosion de coton-poudre, d'après Abel et Nobel, de................	5180 à 5790
Révolution de la Terre autour du Soleil . .	29.516
Vitesse de la lumière, d'après Cornu	300.000.000
Chute d'un corps à la surface de la Terre après une seconde de chute.........	9.81
Après deux secondes de chute.........	19.62
Après une chute de 50^m	31.33
— 100	44.29
— 200	62.63
— 300	76.72
Chute d'un corps après 10^s de chute.....	98.09

FIN.

TABLE ALPHABÉTIQUE

DES MATIÈRES.

A

	Pages.
Accessoires photographiques. 122,	218
Accidents avec les plaques à la gélatine	48
Agrandissement de négatifs de petite dimension. .	26
Ampoules et bulles à la surface des plaques à la gélatine.	66
Appareil pour épreuves instantanées.	161
Appareils photographiques, coût approximatif . 122,	218
Appareils photographiques sans pied.	161
Apparence laiteuse des plaques après vernissage. .	72
Appendice.	129
Armoire laboratoire	117

B

Balance-cuvette Léon Baluze.	164
Bulles et ampoules se formant sur les plaques à la gélatine.	66

C

Calcul du temps de pose	146
Calcul de la durée de la pose instantanée.	76
Cartons pelliculaires	178
Choix d'un objectif pour épreuves instantanées . .	90
Colle pour le montage des épreuves positives . . 35,	36
Conditions pour faire des négatifs instantanés . . .	92
Contrôle chronométrique de la durée des poses instantanées 135,	146

	Pages.
Couleurs à l'albumine (Encausse)	36
Couche de gélatinobromure se distendant, se contractant, etc	66
Cylindrage des épreuves	37

D

Défauts des plaques et des négatifs à la gélatine. 48,	75
Décoloration des plaques vernies	72
Destruction des épreuves dans le procédé de photocalque	215
Détachement de la couche de gélatinobromure du verre	66
Développement des papiers pelliculaires	175
Développement des négatifs instantanés	80
Développement des épreuves au platine	15
Développement des épreuves au gélatinobromure	21
Développement des épreuves au gélatinochlorure 191,	196
Devis du coût d'appareils et accessoires photographiques 122,	218
Devis approximatif de la première dépense à faire pour l'achat d'un matériel photographique	218
Diaphragmes, durée de la pose variable suivant le diamètre de leur ouverture	147
Distance focale, durée de la pose variable suivant cette distance	155
Distorsion de la couche de gélatinobromure	66
Doublage des épreuves positives	38
Durée de la pose avec les obturateurs instantanés	135

E

Échelle sensitométrique étalon	182
Éclairage du laboratoire 107,	114
Émaillage des épreuves positives	38
Encaustique	37
Épreuves positives, par développement, au gélatinochlorure d'argent	187
Extension de la couche de gélatinobromure	66

TABLE ALPHABÉTIQUE.

F

	Pages.
Fixage des épeuves positives	7
Fixage des épreuves par développement au gélatinobromure	22
Fixage des épreuves par développement au gélatinochlorure 193,	197
Fixage des négatifs à la gélatine, lent et difficile	70
Fixage fonçant les plaques en couleurs	71
Formule du bain de nitrate d'argent pour papier positif albuminé	2
Formules de virage 7, 9, 10,	11
Formule du fixateur	8
Formule d'une colle pour le montage des épreuves. 35,	36
Formule d'encaustique	37
Formule du bain d'argent pour accroître la sensibilité des plaques à la gélatine	79
Formule d'une poudre pyrotechnique	116
Formule du liquide pour flamme colorée	112
Formule du développateur et du fixage pour épreuves au gélatinochlorure d'argent 193,	196
Formules pour négatifs blancs et noirs	207
Frilling, cause de sa formation	67

G

Graduation pour mise au foyer	158
Grain grossier dans les négatifs	63

H

Halo ou cercle lumineux	64
Huile de pétrole pour lampes à agrandissement. (Voir aux errata)	XI

I

Image faible et sans vigueur	60
Image harmonieuse, mais trop faible	61
Image dure, vitreuse, sans détail dans les ombres	61
Image négative pleine de détails, mais trop intense	62

TABLE ALPHABÉTIQUE.

Pages.

Impressions photomécaniques 23
Insolation du papier sensible albuminé. 4
Insuccès avec les plaques à la gélatine. 48
Insuccès pendant le renforcement à l'argent 70
Insuccès pendant le renforcement au sel de mercure. 70
Insuccès pendant le renforcement au sel d'urane . . 71
Instantanéité photographique. 76, 161
Instantanéité photographique, (considérations générales par M. Goudman). 81

L

Laboratoire obscur. 105
Laboratoire armoire 117
Lampe à magnésium 115
Lanternes pour agrandissements. 27
Lanterne d'atelier Stelling 107
Lanterne d'atelier Laverne. 108
Lavage des épreuves au platine. 17
Lenteur dans le fixage des images à la gélatine . . 70
Lignes inégales produites sur les plaques à la gélatine. 59
Locomotion : vitesses diverses. 100, 101
Lumière artificielle colorée. 110

M

Mesure du temps de pose pour les épreuves instantanées. 92
Moisissure des plaques ou papiers à la gélatine . . 48
Montage des épreuves positives 33

N

Négatifs agrandis. 30
Négatifs ayant un grain grossier 63
Négatifs détaillés, mais trop intenses. 62
Négatifs ayant des clairs entourés d'un halo 64
Négatifs se transformant en positifs durant le développement. 65

TABLE ALPHABÉTIQUE.

	Pages.
Négatifs brisés dans le châssis-presse.	73
Négatifs instantanés. — Conditions à réaliser	92
Négatifs blancs et noirs (collodion et renforçateur).	206
Nomenclature des appareils et accessoirs photographiques.	122, 218

O

Objectif pour épreuves instantanées.	89
Objets en mouvement, mesure de leur déplacement angulaire	94, 103
Obturateur chronométrique Boca, appliqué à la mesure de l'instantanéité	77, 138
Ondes sur les plaques à la gélatine.	57

P

Papier au platine (fabricants).	13, 14
Papier albuminé sensibilisé (fabricants)	3
Papier albuminé sensibilisé de la maison Dodille et Cie.	3
Papier au gélatinobromure d'argent	19, 27
Papier au gélatinochlorure d'argent.	188
Papiers pelliculaires, leur préparation	167
Papier salé sensible, sa préparation	214
Pellicule sur glace enlevée sur papier gélatiné collodionné.	172
Pellicules libres extensibles	165
Phototypie	24
Photoglyptie.	24
Photographie instantanée.	76, 161
Photocalque	212
Platinotypie.	13
Plaques ayant l'aspect d'un nid d'abeilles.	59
Plaques fixées fonçant en couleurs	71
Plaques d'aspect laiteux après vernissage	72
Points et taches sur les négatifs à la gélatine.	56
Points ronds et mats sur les négatifs à la gélatine.	56
Positifs pour projections	30

TABLE ALPHABÉTIQUE.

Pages.

Point déterminé par une graduation préalable . . . 158
Pose instantanée; contrôleur chronométrique de sa durée. 135, 146
Positifs par développement au gélatinochlorure d'argent. 187
Procédé d'impression sur papier albuminé 2
Procédé au charbon 18
Procédés d'impressions positives par développement au gélatinobromure d'argent 19
Procédés d'impressions positives par développement au gélatinochlorure d'argent. 187
Projections. 27

R

Reconstitution des épreuves dans le procédé de photocalque. 216
Redressement des négatifs sur verre au collodion 39, 40
Redressement des négatifs sur verre à la gélatine. 44, 179, 217
Redressement des négatifs sur papier à la gélatine. 45
Redressement des négatifs à la gélatine, procédé Bory 179
Redressement des négatifs au collodion 210
Remèdes aux insuccès et accidents avec les plaques à la gélatine. 48, 75
Renforcement aux sels d'argent, de mercure et d'urane : insuccès 70, 71
Renforçateur pour négatifs blancs et noirs. 206
Retouche des épreuves positives 36
Révélateur des épreuves par développement sur papier au gélatinobromure d'argent. 21
Révélateur sur papier au gélatinochlorure. . . 191, 196
Révélateur repoussé par les plaques 48
Révélateur avec addition de soude, de potasse ou d'ammoniaque. 130
Révélateur concentré de Macdougald. 132

	Pages.
Révélateur au sous-carbonate de soude.	202
Rupture du négatif dans le châssis-presse	73

S

Salinage des épreuves positives	37
Scherry fabric (Tissuanti-actinique).	113
Sensibilité des plaques à la gélatine moyen de l'accroître	79
Sensitomètre étalon	182
Sensitocolorimètre.	201
Soulèvement de la couche de gélatine. 66,	74
Spectroscope de poche	114
Stries sur les négatifs à la gélatine	57
Sulfite de soude, de potasse, ou d'ammoniaque, dans le révélateur	130

T

Table pour déduire de la vitesse de chute des corps la durée de l'instantanéité	146
Tableau de diverses vitesses	227
Taches noires et points sur les négatifs à la gélatine.	55
Taches claires et points sur les négatifs à la gélatine.	55
Tendeur Balagny pour pellicules.	181
Tendeur Robert de Chennevière.	181
Tissu anti-actinique.	113
Tirage des épreuves sur papier albuminé.	2
Traité des projections par M. Molteni	31

V

Variation de la durée de la pose suivant l'ouverture du diaphragme.	147
Variation de la durée de la pose suivant la distance focale.	155
Vernis à froid, Parrayon.	134

TABLE ALPHABÉTIQUE.

	Pages.
Vernissage amenant la décoloration des négatifs	72
Vernissage donnant aux plaques une apparence laiteuse	72
Virage des épreuves positives sur papier albuminé.	7
Virage des épreuves positives sur gélatinochlorure d'argent	193, 197
Vitesse des obturateurs instantanés	77, 135
Vitesses diverses de sujets ou d'objets en mouvement	103, 227
Voile sur les négatifs à la gélatine	49
Voile rouge	52
Voile jaune	52
Voile vert	53
Voile blanc laiteux	54

NOMENCLATURE

DES NOMS DES AUTEURS ET INDUSTRIELS CITÉS
DANS LA DEUXIÈME PARTIE DU MANUEL.

1. Abeilard, 117.
2. Abney, 54.
3. Arents, 43.
4. Atout Tailfer et Clayton, 111, 225.
5. Audouin, 113.
6. Balagny, 20, 46, 181, 202.
7. Baluze, 136.
8. Baume-Pluvinel (Robert de la), 167, 181.
9. Boca, 77.
10. Bory, 179.
11. Brown, 180.
12. Chardon, 52, 68.
13. Chennevière (Robert de), 167, 181.
14. Cheysson, 217.
15. Dallemeyer, 90, 91.
16. Deyrolle, 122.
17. Dodille et Cie, 3.
18. Dubroni, 122.
19. Ducos de Hauron, 78.
20. Eder, 44, 48, 130.
21. Encausse, 36.
22. Engel Feitknecht, 225.
23. Enjalbert, 109, 117.
24. Français, 80, 123, 150, 162.
25. Franck, 225.
26. Gauthier-Villars, 225.
27. Gauthier-Villars (H.), 15.
28. Goudman, 81.
29. Gilles, 107, 122.
30. Guilleminot, 225.
31. Horne et Fhornthwalte, 114.
32. Hutinet, 27, 224.
33. James Jackson, 227.
34. Jonte, 122.
35. Just (D^r), 14.
36. Hübl, 15.
37. Kzriwaneck, 14.
38. Lamy, 19.
39. Laverne, 27, 107.
40. Loiseau fils, 115.
41. Lugardon, 80.
42. Lumière, 225.

43. Macdougald, 132.
44. Mackenstein, 122.
45. Marion et Cie, 132, 188.
46. Martin, 122.
47. Molteni, 27, 31.
48. Monckhoven, 38, 225.
49. Morgan, 19, 188, 190.
50. Paget, 225.
51. Parrayon, 134.
52. Poulenc frères, 13.
53. Pizzighelli, 15.

54. Ross, 90, 91.
55. Scola, 112.
56. Stebbing, 26, 106.
57. Steinheil, 90, 91.
58. Stölze, 61.
59. Thiébaut, 45, 165.
60. Voitglander, 90, 91.
61. Wilde, 80.
62. Warnerke, 182. 185, 200.
63. William, 68.
65. Woodbury, 35.

Paris. — Imp. Gauthier-Villars, 55, quai des Grands-Augustins.

LIBRAIRIE DE GAUTHIER-VILLARS
Quai des Augustins, 55. — Paris.

(Envoi franco contre mandat de poste ou valeur sur Paris.)

Audra. — *Le gélatinobromure d'argent.* In-18 jésus; 1884. 1 fr. 75 c.

Burton (W.-K.). — *A B C de la Photographie moderne* contenant des instructions pratiques sur le *Procédé sec à la gélatine*. Traduit de l'anglais sur la 3ᵉ édition, par G. Huberson. In-18 jésus; avec figures dans le texte, 1884. 2 fr. 25 c.

Eder (Dʳ), Membre de l'Institut polytechnique de Vienne. — *Théorie et pratique du procédé au gélatinobromure d'argent.* Traduction française de la 2ᵉ édition allemande par H. Colard et O. Campo, membres de l'association belge de Photographie. Grand in-8, avec portrait de l'auteur et 58 fig. dans le texte; 1883. 5 fr.

Geymet. — *Traité pratique de Photographie* (Éléments complets, Méthodes nouvelles, Perfectionnements), suivi d'une *Instruction sur le procédé au gélatinobromure.* 3ᵉ éd. In-18 jésus; 1885. 4 fr.

Geymet. — *Traité pratique de Céramique photographique. Epreuves irisées or et argent* (Complément du *Traité des émaux photographiques*). In-18 jésus; 1885. 2 fr. 75 c.

Godard (E.). — Artiste peintre décorateur. — *Traité pratique de peinture et dorure sur verre. Emploi de la lumière; application de la Photographie.* Ouvrage destiné aux peintres, décorateurs, photographes et artistes amateurs. In-18 jésus; 1885. 1 fr. 75 c.

Roux (V.). — *Traité pratique de zincographie. Photogravure, Autogravure, Reports*, etc. In-18 jésus; 1885. 1 fr. 25 c.

Vidal (Léon). — Officier de l'Instruction publique, Professeur à l'Ecole nationale des Arts décoratifs. — *Traité pratique de photographie au charbon*, complété par la description de divers *Procédés d'impressions inaltérables* (Photochromie et tirages photomécaniques). 3ᵉ édition. In-18 jésus, avec une planche spécimen de Photochromie et deux planches spécimens d'impression à l'encre grasse; 1877. 4 fr. 50 c.

Vidal (Léon). — *Traité pratique de Phototypie, ou Impression à l'encre grasse sur couche de gélatine.* In-18 jésus, avec belles figures sur bois dans le texte et spécimens; 1879. 8 fr.

Vidal (Léon). — *Traité pratique de Photoglyptie*, avec et sans presse hydraulique. In-18 jésus, avec 2 planches photoglyptiques hors texte et nombreuses gravures dans le texte; 1881. 7 fr.

Vidal (Léon). — *Calcul des temps de pose et Tables photométriques*, pour l'appréciation des temps de pose nécessaires à l'impression des épreuves négatives à la chambre noire, en raison de l'intensité de la lumière, de la distance focale, de la sensibilité des produits, du diamètre du diaphragme et du pouvoir réducteur moyen des objets à reproduire. 2ᵉ édition. In-18 jésus, avec tables; 1884. Broché 2 fr. 50 c. Cartonné 3 fr.

Vidal (Léon). — *Photomètre négatif*, avec une Instruction. Renfermé dans un étui cartonné. 5 fr.

Paris. — Imp. Gauthier-Villars, 55, quai des Grands Augustins.

LIB... GAUTH...
Augustins, 55. — Pari...

(Envoi franc... ontre mandat de poste ou valeur sur Paris.)

EXTRAIT DU CATALOGUE DE PHOTOGRAPHIE.

Baden-Pritchard (H.), directeur du *Year-Book of Photography*, ancien secrétaire honoraire de la Société de Photographie d'Angleterre. — *Les Ateliers photographiques de l'Europe.* Traduit de l'anglais sur la 2ᵉ édition, par Ch. BAYE. In-18 jésus, avec figures dans le texte; 1885. 5 fr.

On vend séparément :
Iᵉʳ Fascicule : *Les ateliers de Londres.* 2 fr. 50 c.
IIᵉ Fascicule : *Les ateliers d'Europe.* 3 fr. 50 c.

Cordier (V.). — *Les insuccès en Photographie; causes et remèdes.* 5ᵉ édit. avec fig. In-18 jésus; 1885. 1 fr. 75 c.

Geymet. — *Traité pratique de Gravure héliographique et de galvanoplastie.* 3ᵉ édition. In-18 jésus ; 1885. 3 fr. 50

Godard (E.). Artiste peintre décorateur. — *Traité pratique de peinture et dorure sur verre. Emploi de la lumière; application de la Photographie.* Ouvrage destiné aux peintres, décorateurs, photographes et artistes amateurs. In-18 jésus ; 1885. 1 fr. 75 c.

Odagir (H.). — *Le procédé au gélatinobromure,* suivi d'une Note de MILSOM sur les clichés portatifs et de la traduction des Notices de KENNETT et du Rév. G. PALMER. In-18 jésus, avec figures dans le texte. 3ᵉ tirage ; 1885. 1 fr. 50 c.

O'Madden (le Chevalier C.). — *Le Photographe en voyage. Emploi du gélatinobromure. Installation en voyage. Bagage photographique.* In-18; 1882. 1 fr.

Pizzighelli et Hübl. — *La Platinotypie. Exposé théorique et pratique d'un procédé photographique aux sels de platine, permettant d'obtenir rapidement des épreuves inaltérables.* Traduit de l'allemand par HENRY GAUTHIER-VILLARS. In-8, avec une planche spécimen; 1883. 3 fr. 50 c.

Poitevin (A.). — *Traité des impressions photographiques;* suivi d'Appendices relatifs aux procédés usuels de *Photographie négative et positive sur gélatine, d'héliogravure, d'hélioplastie, de photolithographie, de phototypie, de tirage au charbon, d'impressions aux sels de fer,* etc., par LÉON VIDAL. — In-18 jésus, avec un portrait phototypique de Poitevin. 2ᵉ édition, entièrement revue et complétée ; 1883. 5 fr.

Roux (V.), Opérateur au Ministère de la Guerre. — *Manuel opératoire pour l'emploi du procédé au gélatinobromure d'argent.* Revu et annoté par M. STÉPHANE GEOFFRAY. 2ᵉ édition, augmentée de nouvelles Notes. In-18; 1885. 1 fr. 75 c.

Spiller (A.). — *Douze leçons élémentaires de Chimie photographique.* Traduit de l'anglais par HECTOR COLARD. Grand in-8; 1883. 2 fr.

Trutat (E.). — *La Photographie appliquée à l'Histoire naturelle.* In-18 jésus avec 58 belles figures dans le texte et 5 planches spécimens en phototypie, d'Anthropologie, d'Anatomie, de Conchyliologie, de Botanique et de Géologie; 1884. 4 fr. 50 c.

Vieuille (B.). — *Guide pratique du photographe amateur.* In-18 jésus; 1885. 2

Paris. — Imp. Gauthier-Villars, 55, quai des Grands-Augustins.

www.ingramcontent.com/pod-product-compliance
Lightning Source LLC
Chambersburg PA
CBHW050202230526
45470CB00001B/198